알아두면 쓸데있는 新 잡학상식

이 세상 모든 것들에 대한
가장 기상천외한 잡학사전

2

FASCINATING FACTS
TO BLOW YOUR CURIOUS MIND

알아두면 쓸데있는 新 잡학상식

이 세상 모든 것들에 대한
가장 기상천외한 잡학사전

잡학상식 2

매튜 카터 지음 | 오지현 옮김

틱톡 500만, 유튜브 52만, 인스타 14만
당신의 모든 호기심과 궁금증을 시원하게 해결하는 책

지구　우주　대양　지리　인체　역사　동물　음식

온스토리

치매를 앓다 돌아가신 할머니께 이 책을 바칩니다.
할머니는 내게 최고의 친구이기도 하셨습니다.
할머니께선 누군가 내 직업에 대해 묻거나
친구분들께 나에 대해 말씀하실 때마다
나를 글 '쓰는' 사람이라고 표현하셨습니다.
내가 틱톡과 유튜브에 올릴 스크립트를 '쓰니' 말입니다.
이제 드디어 할머니가 옳았다고,
나는 지금 저자라고 말할 수 있을 것 같습니다.
할머니, 너무 많이 사랑하고 그립습니다.
생전에 제게 베풀어주신 모든 것에 감사드립니다!
할머니께서 감화를 주신 덕분에 오늘의 제가 있습니다.

CONTENTS

CHAPTER 1:
지구

CHAPTER 2:
우주

CHAPTER 3:
태양

CHAPTER 4:
지리

CHAPTER 5:
인체

CHAPTER 6:
역사

CHAPTER 7:
동물

CHAPTER 8:

음식

CHAPTER 9:

의외로 알아두면 좋은 사실들

CHAPTER 1:

지구

우리가 알고 있는 가장 믿기 힘든
사실이 무엇일까 생각할 때면,
대개 다른 행성을 떠올리거나
우주 그 자체를 들여다보게 된다.
하지만 우리가 한 번도 들어본 적 없는
그 무엇보다 흥미롭고 기절초풍할
사실들 중 일부는,
작고 푸른 점이라 불리는
우리의 보금자리에서 생겨난다.
이 장에서는 지구와 관련된
가장 어처구니없는 사실들을 소개한다.

잘 알려진 사실들

General facts

카드 섞기는 생각보다 심오한 행위다

만약 여러분이 카드 한 벌을 섞는다면, 통계학적으로 여러분은 이제껏 한 번도 일어난 적이 없고, 앞으로도 두 번 다시 일어날 가능성이 없는 순서로 카드를 섞게 될 확률이 높다. 결국 여러분은 정확히 그 순서로 카드를 섞었던 역사상 유일한 인물이 되는 셈이다.

자유의 여신상은 예전에 다른 색이었다

오늘날 우리가 알고 있는 자유의 여신상은 녹색이다. 오로지 산화 반응 때문에 지금의 색이 된 것이다. 이 조각상은 구리로 만들어져 있으므로, 사실 원래는 1센트 동전 색상이었다.

눈동자가 파란 사람들은 모두 친척 관계다

눈동자가 파란 사람들은 모두 6천 년~1만 년 전에 태어난 한 명의 공통 조상을 둔 것이다. 인간의 파란 눈동자는 실제로 유전자 HERC2 속 돌연변이로 인해 생긴다. 이러한 유전자 변이가 있다는 것은 눈동자 속에 갈색 색소를 합성하는 기능을 차단하는 유전자 스위치가 있다는 의미다. 이 모든 것은 수천 년 전 한 인간에게서 처음 시작되었다. 여러분 중 눈동자가 파란 사람이 있다면, 이다음에 그런 사람을 보거든 새로운 가족이니 인사를 건네보자.

두루마리 휴지는 1800년대에 발명되었다

잠깐 조셉 게이에티라는 이름의 친절한 신사분께 고마움을 표해야 할 것 같다. 이름만으로는 당장에 큰 의미로 와닿지 않을 텐데, 1857년에 최초로 상점에서 두루마리 휴지를 팔았던 것이 바로 이 신사 덕분이다. 그는

이 상품을 "수세식 화장실을 위한 약용 종이"라고 명명했다.

어쩌면 영국 사람들이 토네이도가 제일 많은 나라에 살고 있는 것일지도 모른다

지구상에서 면적당 토네이도가 가장 많이 일어나는 나라는 어느 나라일까? 영국 사람들은 영국이라고 답했을 것이다. 실제로 그렇기 때문이다!

뉴욕이 언제나 '빅 애플'이었던 것은 아니다

미국에서 가장 유명한 도시는 어디일까? 아마 여러분은 뉴욕이라고 대답했을 것이다. 하지만 이 위대한 도시가 한때 '뉴 오렌지'였다고 하면 믿겠는가? 1673년, 네덜란드가 영국으로부터 뉴욕을 빼앗고 오렌지공 윌리엄 3세에게 경의를 표하기 위해 이 도시에 뉴 오렌지라는 별칭을 붙였기 때문이다. 이듬해, 영국은 다시 한 번 뉴욕을 탈환했고 뉴 오렌지를 도로 빅 애플로 바꾸었다.

뉴욕의 타임스스퀘어도 한때 다른 이름이 있었다

뉴욕에서 이름이 바뀐 사례는 뉴 오렌지만이 아니었다. 타임스스퀘어는 원래 롱에이커스퀘어라 불렸다. 지금 이름은 1904년《뉴욕타임스》본사가 새로 지어진 타임스 빌딩 근처로 이전하면서 바뀌었을 뿐이다.

펩시콜라는 생각보다 영향력이 세다

펩시는 세계에서 여섯 번째로 큰 군사력을 지녔던 적이 있었다. 물론 짧은 기간 동안이었지만, 어떻게 된 일인지 설명하겠다. 1959년, 미국 대통령 리처드 닉슨과 구소련의 지도자 흐루쇼프는 자본주의 대 공산주의 논쟁에 상당히 열을 올리기 시작했다. 논쟁 도중에 펩시의 부사장이 흐루쇼프에게 펩시콜라 한 컵을 권했다. 이 한 잔이 강렬한 인상을 남겼던 것이 분명했다. 왜냐하면 수년 후에 소비에트 연방은 펩시콜라를 자국에 영구적으로 수입하기 위해 거래를 하고 싶어 했기 때문이다. 단 한 가지, 그 당시 소비에트 연방의 화폐가 세계적으로 통용되지 않았다는 것이 문제였다. 그래서 펩시가 러시아에 영구적인 사업장을 둘 방안에 대해 수차례 논의한 끝에, 양측은 다음과 같은 '불가피한' 선택에 찬성했다. 소비에트 연방이 잠수함과 배 한 무리를, 좀 더 자세히 밝히자면 잠수함 17척, 순양함 한 척, 소형 구축함 한 척, 그리고 일반 구축함 한 척을 30억 달러어치의 펩시콜라와 맞바꾸었던 것이다.

인간이 지구의 자전 속도를 늦췄다

여러분이 경악할 사실이 하나 있다. 중국의 싼샤댐이 실제로 지구의 자전 속도를 변화시켰다는 사실이다. 세계에서 가장 큰 수력발전소인 싼샤댐은 총면적 1,045제곱킬로미터를 차지하고 39조 킬로그램, 혹은 420억 톤이 넘는 물을 지탱하고 있다. 이 댐이 지탱하고 있는 어마어마한 물의 양 때문에 중국 서부에서 발생하고 있는 소규모 지진을 시작으로 문제가 불거졌지만, 거기서 그치지 않았다. 이 댐은 지구의 '관성모멘트'에 영향을 주어 실제로 지구의 자전 속도를 늦춘다. 미 항공우주국 계산에 따르면, 겨우 0.06마이크로초 (100만분의 1초) 늦출 뿐이긴 하지만 말이다.

무지개는 완전한 원 모양이다

무지개가 그림에서 늘 보는 여러 가지 색의 간단한 아치 모양이 아니라 오히려 완전한 원 모양이라고 하면 믿겠는가? 땅 위에서 보는 것은 무지개의 나머지 부분까지 보기 위한 최상의 방법이 아니다. 딱 맞는 시각에 딱 맞는 위치에서 보려면 그만큼 운이 따라야 한다. 게다가 그 딱 맞는 위치란, 실은 정말 아주 높은 곳이어야 한다. 비행기 창밖으로 보는 정도는 되어야 한다.

얼굴에 튀는 물에 우리 몸은 유별나게 반응한다

얼굴에 물이 튈 때면, '잠수반사'라 불리는 행동 덕분에 우리 몸에서는 아주 굉장한 일이 벌어진다. 코 안쪽에 감각 수용기들이 심박수를 늦추고 신체 중요 기관들로 피를 쏠리게 하여 우리가 숨을 참고 더 오래 수영할 수 있도록 해준다. 애초에 우리 몸은 산소통 없이 잠수할 수 있도록 자동으로 준비된다. 이로써 기관들이 함께 작용하여 깊은 물속의 엄청난 수중 기압에서 우리를 보호해준다. 우리 인간을 능숙한 심해 잠수 동물로 변신시켜주는 셈이다.

먼지 한 톨은 여러분이 크다고 여길지도 모르는 정도보다 더 크다

이날까지도 나는 다음 사실이 이해되지 않는다. 단 한 톨의 먼지는 원자 크기와 지구 행성 전체 크기의 중간 크기다.

여러분과 똑같이 생긴 사람들이 있다

그런대로 의지가 확고하고 시간도 충분했다면, 여러분은 세계를 여행하며 여러분과 똑같이 생긴 사람, 즉 도플갱어를 최대 일곱 명까지 찾아낼 수 있었을 것이다. 이들은 생물학적으로 무관하게 여러분과 판박이다.

개들도 총천연색으로 세상을 볼 수 있다

개들은 흑백으로만 세상을 볼 수 있다는 말은 오랫동안 이어져온 속설이다. 하지만 이 근거 없는 소문은 연구를 통해 공식적으로 내쳐졌다. 개들은 대다수 인간들이 보는 것과 동일한 방식으로 색을 인식하는 것은 아니더라도, 어쨌든 색을 인식하기는 한다. 다만 색맹으로 간주되는 정도다. 대다수 사람은 세 종류의 원추세포(colour receptors)를 지닌 반면, 개의 눈에는 색을 구별하는 원추세포가 두 종류만 있기 때문이다.

땀을 너무 많이 흘리면 뇌가 줄어든다

여러분 뇌는 정말 귀중한 기관이며, 이는 여러분이 뇌를 안전하게 유지해야 하는 이유가 된다. 90분 동안 땀을 흘리면 일시적으로 뇌가 줄어들 가능성이 있다. 이는 1년치 노화에

상응하는 효과다. 하지만 물 한 잔을 마시면 이 효과는 이내 역전된다.

인간의 뇌는 포뮬러원 경주차보다 빠르다

인간 뇌가 활동하
는 방식에 대한 방
대한 양의 연구가
이루어져왔건만,
의외로 이 사실은

대단한 과학적 불가사의 중 하나로 남아 있다. 그렇지만 우리가 뇌에 대해 아는 내용만 해도 정말 흥미롭다. 뇌에서 보내는 신호는 실제로 최고 시속 431킬로미터까지의 속도로 전달된다. 이 속도는 포뮬러원 경주차 최고 속력인 시속 386킬로미터보다 빠르다.

뇌에는 아주 많은 시냅스가 있다

뇌의 복잡성은 거의 이해가 불가능하다. 은하수 속 별들보다 뇌 속 시냅스가 더 많으니 말이다. 사실이다. 우리은하에서 발견된 별의 수는 대략 2,000억 개인데, 신경과학자 연구원들은 인간 뇌 안에서 거의 1,000조 개의 시냅스를 발견해왔다.

뇌는 스스로를 좀먹는다

그럴 일은 없겠지만 여러분 뇌가 식인종이라면? 우리 뇌에는 수백억 개의 뉴런이 들어 있고 이 뉴런들에는 지속적으로 에너지를 투입해야 한다. 만약 에너지를 빼앗기면, 뉴런은 자신을 잡아먹음으로써 그만큼의 에너지를 얻었을 것이다. 뉴런이 미쳐가고 있을 때를 식별하는 한 가지 방법은 배고픔으로 배에서 꼬르륵 소리가 나는가 하는 것이다. 배에서 꼬르륵 소리가 발생하는 동안에는 뉴런도 배가 고파서 에너지를 얻으려고 자신의 일부를 잡아먹는 중이라 생각하자.

우리는 하루에 40분 동안 눈이 멀어 있다

여러분이 하루에 대략 40분씩 눈이 멀어 있다는 사실을 알고 있었는가? 이 현상은 '단속성운동 억제(saccadic masking)'라 하는 과정 때문에 생긴다. 안구가 움직일 때 뇌가 의도적으로 시야를 가리는 과정인데, 그래서 우리가 거울을 들여다볼 때 눈이 움직이는 것을 볼 수 없는 것이다. 단속성운동 억제가 일어나시 않는다면, 우리 일상 전체가 흔들리는 핸드헬드

카메라로 찍은 영화를 끝없이 보는 것 같았을 것이다.

우리 몸을 안테나(conductor)처럼 활용할 수도 있다

여러분은 주차한 장소를 잊어버린 적이 있는가? 스마트키
(key fob)를 써서 찾기를 시도해볼 수도 있는데, 그래도 효과
가 없다면 스마트키에서 잃어버린 차까지 더 멀리 신호를 보
내기 위해 우리 몸을 이용해볼 수도 있다. 키를 턱 아래 댄
다음 입을 벌려보자. 이렇게 하면 두개골이 안테나 구실을
하게 된다. 머리 내부 액체는 이 두개골 안테나를 스마트키
의 출력 범위를 증가시키는 데 더할 나위 없이 좋은 도체로
만들어준다.

레고 미니 피규어는 인간보다 수적으로 우세하다

현재 지구에는 80억 6,000만 명의
인간이 살고 있다. 그런데 그럴 일
은 없겠지만 지구 위 또 다른 '사
람들' 인구수가 있고, 그 수가 인간
보다 상당히 더 많다고 한다면? 그
사람들이란 레고 미니 피규어이

며, 100억 명의 미니 피규어가 있는 것으로 추정된다.

2009년에 시간 여행자들을 위한 파티가 있었다

스티븐 호킹은 이제까지 존재했던 가장 명석한 사람들 중 하나였는데, 2009년에 인류를 영영 바꾸었을 수도 있는 실험을 진행했다. 대부분 실험에는 시험관과 화학 약품들이 필요하지만, 이 실험에는 샴페인, 풍선, 그리고 플래카드가 필요했다. 호킹은 시간 여행자들 파티를 개최했는데, 파티가 끝나도록 초대장을 발송하지 않았다. 그는 한참 동안 파티장에 앉아 있었지만 아무도 오지 않았다고 설명했다. 이로써 그는 과거로 돌아가는 시간 여행은 아마 가능하지 않을 것이라고 확신했다.

거울이 우리를 속이기도 한다

사람들을 5킬로그램 더 날씬하게 보이게 하는 거울만 콕 집어 판매하는 회사가 있다. 더 우려스러운 점은 가게에서 이 거울을 파는 소매상들 총판매액의 54퍼센트를 이 거울이 책임지고 있다는 사실이다.

직원들이 숙취를 이유로 전화로 휴가를 내도 되는 회사가 있다

아파서 전화로 휴가 내는 것은 문제가 되지 않지만, 결근 이유를 전날 밤 술을 너무 많이 마셔서 힘든 탓으로 돌리는 것은 확실히 문제라는 것은 잘 알려진 사실이다. 그런데 전화로 휴가를 낼 수 있는 타당한 사유로 '숙취 상태'를 받아주는 영국의 한 회사가 있다. 사실 이 회사는 연간 4일 숙취 데이(day)를 준다. 그러니 여러분이 쇼디치에 위치한 이 다이스 회사에 다닐 만큼 운이 좋다면, 숙취 상태로 근무하는 것도 옛말이 될 것이다.

번갯불은 태양보다 더 뜨겁다

믿기 어렵겠지만 번갯불은 섭씨 29,730도에 이를 수도 있는데, 이는 태양 표면보다 다섯 배 더 뜨거운 것이다. 비교하자면, 태양 표면은 겨우 섭씨 5,730도에 이른다.

지구상에서 가장 고요한 방에서는 이상한 소리가 들리기도 한다

너무나 고요한 나머지 0보다 낮은 데시벨로 측정되는 방이 존재한다. 세계에서 가장 고요한 이 방은 미국 미네소타주에 있다. 너무 조용하기 때문에 자신의 심장박동 소리와 함께 더더욱 거슬리게도 자신의 뼈가 움직이는 소리가 들리기도 한다.

인간 발가락 칵테일이 존재한다

이 음료는 익숙해지기 매우 힘든 맛이다. 캐나다의 세 준주 중 가장 작고 가장 서쪽에 있는 유콘 준주에는 '사우어토(Sourtoe) 칵테일'을 파는 바가 있다. 이 칵테일은 위스키 한 잔과 유리잔에 떠 있는 인간 발가락 한 개로 구성된다. 더욱더 거슬리는 점은 지금까지 6만 명으로 추정되는 사람들이 이 칵테일을 맛보았다는 사실이다.

탈옥 시도가 합법인 나라가 있다

일반적으로, 만약 범죄로 유죄 판결을 받고 수감된다면 복역을 마칠 때까지는 출소할 수 없으며, 어떤 식으로든 탈옥을 시도하면 형량이 가중된다고 알려져 있다. 이는 멕시코를 제외한 모든 지역에 해당된다. 다만 멕시코 교도소에서는 '자유를 갈망하는 것이 인간의 본성'이라는 이유로 비폭력 탈출

시도는 절대 처벌되지 않는다.

1930년에 역사상 가장 지루한 뉴스가 뜬 날이 있었다

우리 대부분은 국내 혹은 세계에서 일어나고 있는 사건들을 알아보기 위해 매일 뉴스에 귀 기울인다. 하지만 티브이를 켜면 아무 내용 없는 뉴스 프로가 나를 맞아줄 것이라고 예상해본 적이 있는가? 세상에, 이는 1930년 4월 18일에 일어났던 일이다. 그 당시 BBC 라디오 진행자는 이렇게 발표했다. '뉴스가 없습니다.'

산타클로스는 실재할지도 모른다

이 발언은 아마 이 책을 통틀어 가장 헷갈리는 사실일 것이다. 1927년, 산타클로스는 미국 정부에게 실제 파일럿 면허증을 발급받았다. 이와 동시에 관계 당국으로부터 크리스마스이브에 활주로 조명을 밝혀두겠다는 확약을 받았다.

로날드 맥도날드가 웬디스를 털었다

패스트푸드 산업 내부에서는 항상 경쟁이 벌어지고 있긴 하지만, 한 인물이 경쟁에 과도하게 뛰어들었던 것일까? 2005

년, 로날드 맥도날드 씨가 뉴햄프셔주 맨체스터시의 한 웬디스 햄버거 가게를 털다가 체포되었다. 그의 정체가 실제 맥도날드의 괴짜 피에로였다고 믿는 것만큼이나 우스운 것은, 거대 패스트푸드 기업의 그 유명한 마스코트 얼굴과 체포된 스물두 살의 로날드 맥도날드가 서로 전혀 관련이 없었다는 사실이다.

오스트레일리아에서 가장 위험한 대상은 동물이 아니다

오스트레일리아 하면 아마도 사람을 물고, 찌르고, 혹은 독살하거나, 아니면 평생 트라우마를 남길 가능성이 있는 동물들을 죄다 떠올릴 것이다. 사실 이 대륙에서 가장 위험한 대상은 동물이 아니라 김피김피(학명 Dendrocnide macrolides)라 불리는 식물이다. 잔털이 보송보송한 초록색 잎이 달린 이 식물은 무해하게 보일는지 몰라도, 가시에 강한 신경독을 함유하고 있어서, 김피김피를 만지고 나서 여러 달, 아니 여러 해 동안 극심한 고통을 겪게 될 수도 있다. 그 고통은 강력한 산에 데인 것에 비유되며 마치 척추를 훑고 내려가는 전기충격처럼 느껴진다. 더 심각한 점은 여름 동안 이 식물이 제 가시를 떨궈내버린다는 사실이다. 이 말인즉, 우리가 이 식물을 만지지 않더라도 가시에 찔릴 수 있다는 뜻이다. 일부 사람들은 그 통증이 너무나 고통스러운 나머지 차라리 죽는 편이 더 나은 선택이라 믿게 되어 자살 충돌을 일으킬 수 있다고 말한다.

고릴라 크기의 여우원숭이가 존재했던 적이 있었다

한때 마다가스카르는 크기 면에서 오늘날 고릴라와 비슷한 거대 원숭이류의 서식지였다. 아르케오인드리스(Archaeoindris Fontoynontii)는 기원전 약 350년까지 마다가스카르에 서식했는데, 이 부류는 너무 육중해서 이제껏 지구 위를 누볐던 영장류 중 가장 몸집이 컸을 것으로 여겨진다.

휴대폰은 화장실보다 더럽다

만약 휴대폰이 공중화장실보다 더 더럽다고 하면 믿을 텐가? 미국에서 시행된 최근 연구로 밝혀진 바에 따르면, 이 연구에 참여했던 고등학생들의 휴대폰 표면에는 세균의 유전자 복제본이 평균 1만 7,000개 존재했다. 여기에는 메티실린 내성황색포도상구균(MRSA), 폐렴구균, 심지어 대장균과 같은 병원체들도 포함되어 있었다. 이는 대부분의 변기 시트 표면에서 발견되는 세균 수보다 열 배 더 많은 수치다.

여러분은 아마도 살인자를 지나친 적이 있을 것이다

매일같이 길을 걷다 지나친 사람이 정확히 누구인지 헤아려 본 적이 있는가? 그런 적이 없다면, 다음 사실을 안 이후로는 태도가 바뀔지도 모르겠다. 미국에서는 어느 때이든 평균적으로 약 25~50명의 연쇄살인범이 동시에 범행을 저지른다. 이 생각을 하면 소름이 끼치고도 남을 것이다. 미국에서는 누구나 평생 동안 약 36명의 살인자를 지나치게 될 것이라는 사실을 덧붙이지 않더라도 말이다.

나무

Trees

나무는 죽지 않는다

지구상에 죽지 않는다고 분류될 수 있는 것들은 거의 없지만, 나무의 일부 종들은 엄밀히 말해서 죽지 않는다. 지금 내가 '엄밀히 말해서'라고 말하는 이유는 그 나무들이 절대로 죽지 않는다는 말이 아니기 때문이다. 물론 다른 이유로 죽을 수 있지만, 노령으로 죽을 리는 없다. 그 대표적인 사례가 바로 소나무다. 캘리포니아의 한 숲에는 성서에 나오는 최고령 인물의 이름을 따서 므두셀라로 불리는 소나무가 있다. 이 나무의 나이는 5,000살에 가깝다. 칠레에는 3,600살 먹은 사이프러스 한 그루가 있고, 스리랑카에 있는 한 인도보리수(sacred fig)는 기원전 3세기에 심어졌다!

나무에는 청춘을 되찾게 해준다는 샘(fountain of youth)이 있다

장수하는 나무들은 어떻게 오랜 세월 그렇게 파릇함을 유지하는 것일까? 참 기발하게도 나무에는 노화 영향력을 늦추는 능력이 있다. 나무는 스스로 죽은 조직을 만들어낼 뿐만 아니라, 소실된 제 일부를 되돌려놓을 수 있다. 여러분이 기나긴 수명을 가진 나무를 조사한다면, 나무줄기의 95퍼센트까지는 죽어 있을지도 모른다. 하지만 정말로 그 나무는 여전히 자라는 중이다.

나무는 포식자를 죽게 할 수 있다

포식자를 떠올릴 때면 여러분은 아마 사자나 호랑이를 떠올릴 텐데, 사실은 나무들이 그들을 공격하는 동물을 집단으로 공격할 수도 있다고 하면 믿을 텐가? 어쩌면 여러분은 나무와 포식자의 일대일 대결이 특별히 나무에게 유리하리라고는 상상도 못했을 것이다. 그런데 여러분이 잘못 알고 있다. 어떤 나무들은 곤충과 같은 적이 다가오면 실제로 공기 중에 떠다니는 화학물질을 방출해서 다른 나무들에게 신호를 보낼 수 있다. 나무들이 지원 요청을 하는 것 같은 상황이다. 일단 신호가 전달되면 나무들은 나뭇잎에 포식자들에게 더 씁쓸하게 느껴지도록 하는 노란색 혹은 갈색 유기물인 '타닌'을 생성하여 무장할 수 있다. 또한 이 화학물질은 침입한 해충을 잡아먹는 다른 포식자나 기생충을 끌어들일 수 있다.

예를 들어, 사과나무는 애벌레에게 공격받을 때면 애벌레의 천적인 새들을 활발히 유인하는 화학물질을 방출한다.

나무에는 와이파이 기능이 있다

만약 여러분이 어쩌다 숲 한 가운데 있게 되었다면, 십중팔구 인터넷이 잡히지 않았을 것이다. 이때, 나무들에게는 그들만 쓸 수 있는 인터넷이 있다고 하면 믿을 텐가? '토양 균류'라 알려진 이 인터넷의 정체는 수많은 나무 뿌리 표면에 서식하는 균류의 지하 체계를 말한다.

이 균류는 주로 나무가 토양에서 물과 영양소를 흡수하는 데 도움이 된다. 하지만 토양 균류가 더 광범위하게 도움이 되는 때는 숲 전체를 연결할 때다. 나무들이 자원에 대한 정보를 전달하고 공유할 수 있도록 복잡하게 연결된 거대한 기반을 형성할 때 이 균류가 도움을 준다. 이는 우리가 인터넷을 사용하는 방식과 다르지 않다. 이러한 체계 덕분에 '어미나무(mother trees)'라 일컬어지는 훨씬 더 오래되고 거대한 나무들은 주위에 더 어린 수백 그루 나무들과 연결될 수 있으며, 필요 없는 물과 심지어 탄소와 같은 영양분을 그 어린 나무들에게 보낼 수 있다.

나무는 우리를 행복하게 만들어줄 수 있다

마지막으로, 나무에 관한 기겁할 만한 사실을 다뤄볼까 한다. 나무에게는 우리를 더 행복하게 만들어주는 왕성한 능력이 있다. 우리가 숲속을 이리저리 거닐면 자연스레 평정심을 느끼는 것도 이상한 일은 아니다. 숲속에 있을 때 건강상 이익을 얻을 수 있는 것은 대부분 상쾌한 공기를 마시며 걷기 때문이지만 그 이유가 전부는 아니다. 백향목, 참나무, 그리고 소나무 같은 나무들은 실제로 피톤치드라는 화학적 화합물을 발산한다. 연구 결과에 따르면, 이러한 피톤치드를 들이마시면 우리 몸이 바이러스에 감염된 세포와 싸울 때 도움이 되므로, 결과적으로 혈압이 떨어지고 불안 수준이 낮아진다. 심지어 피톤치드를 들이마시는 것이 항암단백질 수준을 높일 수 있다는 주장이 제기되어왔다. 이 주장은 그저 근거 없는 믿음이 아니다. 일본인들은 숲에서 방출되는 이 화학물질을 들이마시는 방식을 언급하기 위해 '산림욕'이라는 새로운 어구까지 만들어냈다.

가지 말아야 할 곳

Places you SHOULDN'T visit

브라질의 뱀 섬

뱀 섬은(일하 다 퀘이마다 그란데 섬으로도 불리는데) 브라질 해안에서 약간 떨어진 곳에 있다. 하지만 그 섬의 아름다운 경치, 열대지방 날씨, 무성한 열대우림, 그리고 멋진 해안선에 속지 않길 바란다. 나처럼 뱀을 무서워한다면, 이 섬은 단테가 묘사한 지옥의 아홉 번째 고리인 셈이다.

이름이 암시하듯이 뱀 섬은 수많은 뱀의 보금자리다. 2,000에서 4,000마리 금색창머리뱀이 그곳에 살고 있을 것으로 추정된다. 여러분이 이 종류의 독사에게 물렸다면(게다가 물린 장소가 뱀 섬이라 불리는 곳이었다면, 나는 이런 가정이 아주 억지스러운 경우는 아니라고 말하고 싶다.) 단 한 시간 내로 의사를 찾지 않으면 조상님과 악수하는 자신의 모습을 발견하게 될 것이다. 금색창머리뱀의 독은 브라질 본토에 서식하는 뱀의 독보다 세 배에서 다섯 배 더 강력하며, 게다가 이 독에는 인간의 살을 녹일 수 있는 독소기 함유되어 있다.

그런데 불행하게도 뱀 섬에서는 치료받기가 쉽지 않다. 이곳에는 병원이나 의료센터가 없다. 유일한 건물은 등대다. 그 등대도 여느 다른 등대와 마찬가지로 한때는 분명히 누군가가 관리했을 것이다. 전해지는 이야기에 따르면, 뱀 섬의 마지막 등대지기와 그의 가족은 1900년대에 그곳에 거주했는데, 결국 그 섬을 벗어날 수는 없었다. 뱀이 열린 창문을 통해 집으로 들어왔던 것이다.

금색창머리뱀은 최대 50센티미터 이상까지 자란다. 이 섬에서는 1제곱미터 면적당 한 마리씩 뱀이 있다는 사실을 고려하면, 그리 긴 거리를 걷지 않아도 뱀 한 마리를 목격하게 되리라는 것을 짐작할 수 있다.

심지어 금색창머리뱀이 이 지역에 서식하는 유일한 뱀이 아니다. Sauvage's snail-eater로 더 잘 알려진, Dipsas albifrons 역시 뱀 섬을 보금자리로 여긴다. 그래도 다행인 점은 이 뱀들이 독을 갖고 있지 않으며, 이름에서 암시하듯이 달팽이와 다른 더 작은 벌레를 즐겨 먹는다는 것이다.

어떻게 뱀 섬에서 그토록 많은 뱀이 살게 되었는가에 대한 흥미로운 이야기가 있다. 그 내용은 이렇다. 오래전에 해적들이 이 섬에 보물을 묻어놓고 안전하게 지키기 위해서 독사

도 함께 풀어놓았다는 것이다.

어쩌면 당연한 일이겠지만, 독사의 엄청난 개체수를 고려하여 이 섬은 법적으로 출입이 금지되었다. 브라질 정부는 어떤 이유로든 일하 다 퀘이마다 그란데(Ilha da Queimada Grande) 섬에 방문하는 것을 엄격하게 통제해오고 있는 터라, 그곳에 갈 수 있는 사람은 특정 과학자들뿐이다. 그렇다고 과학자들이 가고 싶어 하겠는가? 다만 이 공포뿐인 섬에 한 가닥 희소식이 있긴 하다. 금색창머리뱀의 독이 약을 만드는 데 유용하다는 평가를 받은 것이다. 이 독은 심장병, 혈액순환, 그리고 혈전 문제에 도움이 될 수 있으므로, 제약 목적으로 활용될 가능성이 있음이 연구를 통해 밝혀졌다.

인도의 노스센티넬 섬

센티넬족에게는 삶의 터전인 노스센티넬 섬은 세계에서 가장 높은 수준의 접근 금지령이 내려진 섬 목록 중 1위를 차지한다. 센티넬족은 이 섬에서 5만 년 넘게 거주해왔으며 현재 인도 정부의 보호를 받고 있다.

센티넬족은 현대 문명에 영향을 받지 않은 상태를 가까스로 유지해온, 세계에서 몇 안 되는 부족들 중 하나이다. 그리고 이 부족들은 계속 고립되어 있기를 원하기 때문에 그 어떤 방문자를 대하더라도 적대적이다. 이 부족은 유럽 대륙에서 이주해왔던 아프리카 최초의 인간 집단 자손으로 사료된다. 정말 놀라운 점은 어떻게 센티넬족이 2004년 참혹했던 인도양 지진과 뒤이은 쓰나미에도 거의 피해를 입지 않았느냐는 것이다. 이 재해로 인도양 근처 나라들에서는 23만 명 이상 사람들이 목숨을 잃었다. 노스센티넬 섬은 벵골 만에 있어서, 인도 해안경비대가 이 섬을 살피고 생존자를 확인하고자 헬리콥터를 보냈다. 그리고 그들은 섬의 인구수에 거의 아무런 변화가 없다는 사실을 알게 되었다. 센티넬족이 바람의 움직임 및 주위 환경에서 변화를 감지한 덕분에 서둘러 더 높은 지대로 이동하여 스스로를 보호한 것으로 보인다.

다만 아무리 인구수가 잘 유지되었다 해도 참혹한 지진으로 섬 자체는 급격하게 변했다. 지진 때문에 섬 아래 텍토닉 플레이트가 기울어지고 최대 2미터까지 상승하여, 섬 인근 산호초가 수면 위로 드러나 말라 죽게 되었다. 노스센티넬 섬의 지형은 서쪽과 남쪽으로 1킬로미터 정도 확장되었다.

멀리서 관찰한 결과, 외관상 센티넬족은 건강하고, 활기차며, 튼튼하다는 결론이 내려졌다. 하지만 이 노스센티넬 섬의 원주민들은 독감과 홍역과 같은 현대적 질병에 취약할 가능성이 매우 높다. 그들은 외부 세계와 교류해본 적이 없어 이런 흔한 병에 대한 면역력을 키워본 일이 없기 때문이다.

바다 한가운데 섬에 살면 극단적으로 불리한 점들이 있는데, 불 피우기가 그중 하나이다. 센티넬족은 불을 만들어내는 방법이나 기술을 알지 못한다. 따라서 섬에 내리치는 번개에 의존하여 불을 붙인다. 일단 불이 확 타오르면 잿불이 꺼져버리지 않도록 불씨를 지킨다.

인류학자들은 이 부족과 친밀한 관계를 형성하려고 시도하던 중, 인도 정부 허가 아래 부족원들에게 많은 선물을 보낸 적이 있었다. 부족원들이 원래 코코넛을 좋아하는데 코코넛이 그 섬에서 자연적으로 자라지 않기 때문이다. 센티넬족에게 준 또 다른 선물은 살아 있는 돼지였다. 그런데 돼지는 코코넛만큼 순순히 받아들여지지 않았다. 그들은 돼지를 창으로 찔러 땅에 내리꽂고 이내 묻어버렸다. 마찬가지로 플라스틱 장난감도 경계했는데, 금속 솥과 냄비는 쌍수를 들고 받아들였다.

마셜제도의 루닛 섬

루닛 섬은 절대 가지 말 것을 권고한다. 이 섬은 하와이 섬과 오스트레일리아 대륙 사이에 위치하기 때문에 아주 동떨어진 듯 보이지 않는다. 아니 오히려 상대적으로 더 평화로워 보인다. 하지만 이 섬에는 단 하나의 구조물이 있는데, 그것은 바로 '핵폐기물의 관(棺, nuclear coffin)'이라 알려진 거대한 콘크리트 돔이다. 이 돔은 세계에서 가장 바큇살 같은 모양을 띤(radiated) 땅덩이 중 하나이다.

1948년에서 1958년 사이에 미국은 루닛 섬에서 온갖 종류의 핵실험을 수행했는데, 실험이 이루어진 십 년 동안 이 섬에 있는 모든 형태의 생명체가 분명하게 대폭 줄어들었다. 그래서 주변 환경을 살리기 위한 시도로 모든 위험한 핵 물질을 107미터 두께의 콘크리트 돔 안에 가둬둔 것이다. 하지만 돔 윗부분과는 달리 아랫부분은 콘크리트로 밀폐되지 않았고, 그 결과 방사능 폐기물(radioactive waste)이 천천히 주변 바다로 새어나오는 상태다. 결국 1979년에 이 섬은 사람이 거주할 수 없는 지역으로 여겨지게 되었다.

갈 수 없는 곳

Places you CAN'T visit

노르웨이의 스발바르 국제 종자 저장고

북극권 안쪽으로 깊숙이 위치한 노르웨이의 스피츠베르겐 섬에는 최후의 날 저장고(Doomsday vault)라고도 알려진 국제 종자 저장고가 자리 잡고 있다. 이곳은 인류 역사를 통틀어 가장 중요한 저장고다. 현재 이곳에 1억 개의 종자가 보관되어 있기 때문이다. 지구의 식용 작물에 관한 완벽한 복사본인 셈이다.

전 세계적 재앙이라는 그야말로 최악의 시나리오에서 살아남기 위해 구축된 종자 저장고의 내용물들은 세계 식용 작물의 다양성을 보존해줄 것이다. 그래서 어느 때고 필요하면 전체 식물계를 복구할 수 있다. 종자 저장고는 지진과 폭발을 견딜 수 있으며, 지구상 얼음이 다 녹는다고 해도, 적어도 해수면보다는 위에 남아 있도록 전략적으로 산비탈에 설치되었다. 종자의 수명을 보장하기 위해 수많은 종자 표본들은 쾌적한 섭씨 영하 18도에 저장되어 있다.

'세계 종자 은행'에서 최초로 종자를 인출한 것은 시리아다. 이로써 시리아는 알레포에 있는 한 국제연구센터를 되살릴 수 있었다. 이 연구센터는 전쟁 중에 무너졌는데, 이전에는 농작물에서 추출된 유전물질을 보관하는 장소로 이용되던 곳이었다. 오늘날 이 연구센터는 전쟁으로 피폐해지고 가뭄으로 피해를 입은 시리아에서 생명과 직결된 중요한 곳이다.

프랑스의 카타콩브

카타콩브에는 대중에게 공개된 약 3.2킬로미터 길이의 구간이 존재하는데, 그 외 구간에 대중이 접근하는 것은 불법이다. 비공개 구간은 통로와 터널이 그물같이 복잡하게 연결된 약 322킬로미터 길이의 지하 구조다. 공개 구간은 정기적으로 관리 및 점검되며 길 찾기도 쉽다.

하지만 다들 합법적인 구간에 대해서는 읽고 싶을 리가 없으니, 그 금지된 322킬로미터짜리 무시무시한 터널 구간에 대해 말해볼까 한다. 파리 전역으로 흩어져 있는 터널들로 가는 비밀의 문이 여러 개 존재하는데, 현지인들이 이따금 그 터널들을 탐험하러 들어간다고 알려져 있다. 무단 침입을 일삼는 이 탐험가들, 그러니까 '가타필(cataphile)'늘은 용케 수백

개의 터널 입구를 지도로 그려 기억하기까지 한다.

카타콩브는 '죽음의 제국'이라는 소름 끼치는 별명을 갖고 있다. 바로 카타콩브의 구간들이 하나의 거대한 지하 무덤 시스템을 이루고 있기 때문이다. 하지만 사랑의 도시 파리의 거리 아래 죽음과 암울(doom and gloom)만 있는 것은 아니다. 몇몇 카타필들은 음악을 연주하고 음주를 즐기는 사람들과 함께하는, 저 아래 따듯하고 친숙한 분위기를 전해준다. 터널 안에 형성된 공동체는 생일 및 핼러윈(정말 누구나 이해할 만하다.) 파티, 카니발 축제, 콘서트, 심지어 만찬 행사까지 여는 것으로 유명하다.

북한의 39번 방

북한의 39번 방은, 거의 이견 없이 세계에서 가장 비밀스러운 나라인 이곳에서도 가장 비밀스러운 장소에 속한다. 평양의 노동당 청사 내부에 있는 이곳에서 무슨 일이 벌어지는지는 별로 알려진 것이 없다. 다만 이곳을 둘러싼 비밀주의는 39번 방이 영리 기업들을 통한 기금 조성과 관련이 있을 수도 있다는 가능성을 시사한다. 여기에는 지폐 위조부터 금, 마약 그리고 무기 판매까지 합법적, 불법적 기금 조성이 모두 포함된다. 또한 39번 방은 미국 100달러권 초정밀 위조 지폐, 즉 '슈퍼 노트'를 제작한 배후일 가능성이 있다고 추측된다.

미국 애틀랜타의 코카콜라 금고

세계에서 가장 잘 보안이 유지되는 비밀들 중 하나가 코카콜라 제조기법이라는 사실을 믿기 어려울지도 모르겠다. 하지만 이 제조법은 대형 안전 금고에 저장되어 있기 때문에 130년 동안 영업 비밀로 남아 있는 중이다.

코카콜라 제조법의 보관 위치는 수년간 여러 차례 바뀌어왔다. 1920년에는 뉴욕 은행에 정밀한 자물쇠로 봉인되는 것에 그쳤다가 1925년에 애틀랜타의 트러스트컴퍼니뱅크에 이송되었고, 2011년에는 이 유명한 제조법을 애틀랜타의 한 박물관으로 옮기기로 결정 내렸다. 지금까지도 코카콜라의 정확한 제조 공식을 아는 사람이 몇 명인지는 전혀 밝혀지지 않고 있다.

CHAPTER 2:

우주

우주는 대양처럼
가장 용감한 사람들조차도
공포에 떨게 만드는 곳이다.
아득한 미지의 세계 속으로,
말하자면 첫발을 내딛어오면서
우리는 헤아릴 수 없이 먼 거리,
믿을 수 없을 정도로 희한한 행성,
그리고 생명체를
모조리 쓸어버릴 수도 있는
떠돌이 천체들을 발견해왔다.
이 장에서는 여러분이 전혀 몰랐던
우주와 관련된
가장 어처구니없는 사실들을 소개한다.

잘 알려진 사실들

우리은하계에는 수백만 개의 블랙홀이 있다

천문학자들은 은하수를 돌아다니는 블랙홀이 약 1억 개 존재한다고 추정한다. 만약 돌아다니고 있는 블랙홀이 태양계를 뚫고 지나가게 된다면, 지구는 먼 우주 공간으로 내버려질 수도 있다. 있을 법하지 않지만 아예 말이 안 되는 것도 아니다. 천문학자들이 발견한 최근접 블랙홀은 가이아 BH1(Gaia BH1)라는 이름으로 통한다. 그리고 이 블랙홀은 지금 여러분이 이 책을 읽고 있는 곳이 어디이든 그곳에서 대략 1,560광년 밖에 떨어져 있다.

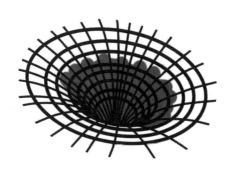

은하계에는 60개의 잘 알려진 떠돌이 행성이 있다

우리는 행성이라면 무릇 지구처럼 태양계 내부에서 아주 순조롭게 태양과 같은 특정 항성에 소속되어 있는 것으로 여기는 경향이 있다. 하지만 항상 그런 경우만 있는 것은 아니다. 떠돌이 행성은 자유롭게 떠다닌다. 어머니 항성(혹은 어미별, parent star, 행성을 거느리는 항성) 주위를 도는 것이 아니라 우주 여기저기를 돌아다니는 것이다. 떠돌이 행성은 태양계에서 튕겨나온 커다란 행성 같은 천체로, 더 이상 그 어떤 항성이나 준항성 천체에 매여 있지 않다. 떠돌이 행성은 궤도가 없다. 즉 이 행성은 어디로든 옮겨 가거나 내키는 대로 충돌할 가능성이 있다는 뜻이다. 정말 더 기겁할 만한 사실은 떠돌이 행성이 최대 시속 4,800만 킬로미터, 그러니까 대략 초속 1만 3,000킬로미터로 우주 여기저기를 쏘다니며 움직인다는 것이다.

여러분은 절대로 똑같은 장소에 두 번 간 적 없다

여러분이 태어난 이후로, 여러분은 한 번도 똑같은 장소에 두 번 간 적이 없다. 생각해보자. 우리은하는 우주를 약 초속 550킬로미터로 이동하는 중이다. 즉 매년 우리은하계는, 그러니까 결국 지구는 일 년 전 그 자리에서 170억 킬로미터 이동한 셈이라는 뜻이다.

오늘 날씨는 비스듬히 내리는 유리 비입니다

물론 여기 지구에서 다소 이례적인 날씨를 경험해본 적이 있을 것이다. 하지만 여러분은 하늘에서 유리가 비스듬히 떨어지는 곳을 상상해본 적이 있는가? 사실, 우리가 번듯하게 HD189733b로 불러왔던 외계행성에서는 완전 악몽 같은 이런 현상이 실제로 일어난다.

지구는 다른 행성과 한차례 부딪쳤다

거의 45억 년 전에 테이아 라는 이름의 대략 화성 크 기만 한 행성이 생성 초기 의 지구를 들이박았다. 이 충돌이 지구에 물을 가져 다준 것으로 생각된다. 테 이아는 얼음층으로 덮인 행성이었다. 고로 이 격렬

한 충돌로 인해 아주 많은 양의 물이 테이아에서 원시 지구 표면 위로 옮겨졌던 것이다. 테이아에 고용량의 물이 매장되었던 이유는 이 행성이 훨씬 뜨겁고 건조한 태양계 내부가 아니라, 더 냉랭한 태양계 외부에서 형성되었기 때문이다.

행성 J1407b는 토성의 640배다

우리 태양계의 모든 행성 중에서 아마 토성이 제일 분간하기 쉬울 것이다. 토성의 넓적하고 납작한 고리는 행성 자체에서 12만 킬로미터 이상 뻗어 있다. 어쨌든, 여러분에게 '스테로이드제 복용 중인 토성'을 소개하겠다. 지구로부터 434광년 떨어져 있는 이 외계행성은 토성 고리의 약 640배인 행성 고리가 있는 육중한 체계를 갖추고 있다.

루비와 사파이어가 비처럼 떨어지는 행성이 있다

케플러-2b로 알려지기도 한 행성 Hat-P-7b는 루비와 사파이어가 비처럼 떨어지는 천체다. 이런 현상이 일어나는 이유는 이 항성 위 구름이 크리스털 같은 형태의 산화알루미늄으로 채워져 있기 때문이다. 산화알루미늄은 지구에서 우리가 알고 있는 귀중한 보석을 생성하는 광물과 똑같은 성분이다. 여러분이 이 행성에서 한나절만 지내도 허황된 꿈을 뛰어넘는 부자가 되었을 것이다. 하지만 이곳은 여러분이 이제껏 들어가본 가장 강도 높은 사우나보다 더 훈훈하기도 하다. 행성 Hat-P-7b에서는 온도가 대략 섭씨 2,600도까지 이르기 때문이다. 그러니 기본적으로 여러분은 증발되고 말 것이다.

금성에는 비밀이 있다

Hat-P-7b와 HD189733b 같은 행성들은 지구에서 상당히 멀리 떨어져 있지만, 우리가 상상할 수 없는 날씨를 지닌, 지구와 더 가까운 행성이 하나 존재한다. 지구의 이웃 금성에는 실제로 금속이 눈처럼 내린다. 금성의 두툼한 구름 밑, 금성의 산꼭대기에는 그 눈 층이 존재한다. 물론 온도가 섭씨 462도에 이를 수도 있기 때문에 우리가 알고 있는 눈이 물리적으로 그곳에 존재할 가능성은 없다. 눈 대신에 방연석과 휘창연석, 이 두 가지 금속이 산꼭대기를 덮고 있다.

우주에서는 금속이 서로 달라붙는다

우주에서 같은 종류의 금속 두 조각이 맞닿으면, 그 즉시 영구적으로 달라붙게 된다. 이 현상은 '냉간 용접'으로 알려져 있다. 금속을 결합시키려면 열이 필요한 지구에서와는 달리 우주에서는 금속을 둘러싼 산소가 없기 때문에 냉간 용접 과정이 일어난다. 진공 상태 우주에서 금속 원자들은 원자들이 별개의 두 금속 조각의 일부분임을 식별할 수 없어서 결합하게 된다.

우주 속 원자보다 체스 속에 가능한 수(手)가 더 많다

관측 가능한 우주는 아주 광활해서 우주를 이루는 원자 개수를 진정으로 헤아리기란 어려운 일이다. 하지만 우주에 있는 원자들보다 체스 게임에서 여러분이 둘 수 있는, 가능한 수(手)가 더 많다고 하면 믿을 텐가? 어떤 맥락에서는 관측 가능한 우주 속 원자의 측정된 수는 10의 78제곱에서 10의 82제곱 사이인 반면, 체스 게임에서 가능한 수(手)의 횟수는 너무 방대해서 '섀넌 수(Shannon number)'로 알려져 있으며 10의 120제곱에 맞먹는다.

러시아는 명왕성보다 크다

우리는 종종 우주의 광활한 빈 공간 내부에서 우리 행성을 바라보고 실로 우리가 얼마나 미미한 존재인지 깨닫고 몸서리친다. 하지만 행성 지위에서 강등된 것으로 유명한 명왕성의 총 표면적은 러시아 전체 영토보다 더 작다. 명왕성 표면은 1,670만 제곱킬로미터인 반면, 러시아 표면적은 약 1,700만 제곱킬로미터다.

종이를 접어 달에 닿게 할 수도 있다

알겠지만, 종이 한 장을 접을 때마다 종이 두께는 두 배가 된다. 이는 지수함수적 증가다. 그런데 만약 여러분이 종이 한 장을 마흔두 번 접었다면 종이가 지구에서 달 표면까지 이를 수도 있다는 사실을 알고 있는가? 잘 이해하기 어려운 상황일 것이다. 하지만 더욱더 받아들이기 어려운 사실은 종이 한 장을 103번 접었을 때 일어나게 되는 상황이다. 이때

종이 두께는 관측 가능한 우주 지름, 그러니까 이해를 돕자면 930억 광년에 맞먹을 것이다. 계산 과정이 알고 싶다면 이제부터 봐주길 바란다. 종이 한 장의 평균 두께는 십 분의 일 밀리미터, 즉 0.1mm이다. 이 종이를 한 번 접으면 그 두께는 0.2mm가 되고, 두 번 접으면 그 두께는 이제 0.4mm이다. 이것이 지수함수적 증가로 알려진 과정이며 바로 이 지수함수적 증가 덕분에 여러분이 종이 한 장을 정확히 반으로 계속 접는다면 상황은 아주 빠른 속도로 흥미진진하게 변할 것이다.

한때 달은 활기가 넘쳤다

달이 언제나 우리가 오늘날 알고 있는, 활기 없이 둥둥 떠다니는 우주의 암석인 것만은 아니었다. 과거 어느 때 달은 화산이 있어 활기찬 곳으로 여겨졌을지도 모른다. 공룡의 전성기인 백악기 동안에는 달에서 화산이 분출하고 있었을 것으로 추정된다. 화산 분화구를 관찰하여 달의 지형 연대를 추정했기 때문에 이 사실을 아는 것이다. 그 당시에 너무나 많은 화산 폭발이 있어서 근 2억 년 동안 달 표면 위에는 마그마 바다가 존재했을 것이다.

어떤 산꼭대기는 지구에서 달과 가장 가까운 장소다

여러분이 미 항공우주국이나 스페이스엑스에 다니는 친구 없이도 달에 가능한 한 가까이 다가가고 싶다면, 지구상 달에서 가장 가까운 장소인 에콰도르의 침보라소 산에 오르기만 하면 된다. 지구에는 돌출부가 하나 있는데 이 부분에 침보라소 산이 위치하기 때문에 이 산이 외계(outer space, 지구 대기권 밖으로 넓어진 우주 공간)에 가장 가까운 지점이 된다. 현재 달과 지구는 일반적으로 40만 킬로미터 떨어져 있으니, 여러분이 이 에콰도르 산의 최정상까지 오르면 달과 약 21킬로미터 정도 가까워지겠지만, 가야 할 길이 꽤 남아 있다.

에베레스트 산은 화성에서 제일 큰 산에 비하면 작다

에베레스트 산과 견줄 만한 자연물을 상상하기는 힘들다. 자, 여러분에게 우리 태양계에서 가장 큰 화산인 화성의 올림퍼스 산을 소개해볼까 한다. 경이롭게도 에베레스트 산 높이의 세 배에 달하며 프랑스 영토만큼 넓은 이 산은 이 붉은 행성의 주변 평원 위로 26킬로미터 높이로 우뚝 솟아 있다. 이와 비교하면 지구상 가장 높은 화산인 하와이 섬의 마우나로아 산은 해수면 위로 고작 10킬로미터 올라가 있다.

우리는 태양의 폭발 여부를 지금 당장 알지 못할 것이다

태양은 지구에서 1억 5,000만 킬로미터 떨어져 있다. 이렇게 어마어마한 거리인데 정작 우리가 이를 제대로 이해했던 적이 있는가? 여러분이 이 문장을 다 읽으면 태양이 폭발하게 된다고 가정해보자. 펑. 여러분은 곧 하늘을 올려다볼 텐데 태양은 여전히 온전한 상태 그대로일 것이다. 그렇다! 여러분은 태양이 폭발했었다는 사실을 8분 20초가 더 지나야 제대로 알게 될 것이다. 심지어 폭발 후에도 태양빛은 여전히 그저 빛의 속도로 날아왔을 수도 있다. 이렇게 빛이 태양과 지구 사이 엄청난 거리를 이동하는 데 8분 20초가 걸리는 셈이다.

우리 태양계 크기는 기절초풍할 만하다

우주 규모는 헤아리기 어려운 법이지만, 한번 시도해본 후 여러분에게 우주의 작은 주머니 격인 지구 규모를 헤아리는 괜찮은 관점을 제시해보려고 한다. 만약 여러분이 달까지 날아가게 되면 대략 3일이 걸릴 것이고, 화성까지 날아가게 되면 대략 7개월이 걸릴 것이다. 그런데 만약 여러분이 우리 태양계 내부에서 가장 바깥쪽에 있는 천체인 명왕성까지 날아가게 된다면 9.5년이 걸릴 것이다. 벌써 우리는 3일부터 거의 꽉 채운 10년까지를 다 겪어보았다. 하지만 명왕성이 태양계가 끝나는 장소가 아니다. 만약 여러분이 태양계 극단에 이르고 싶다면, 오르트 구름을 뚫고 지나가야 할 것이다. 이 구름은 본질적으로 성간우주(interstellar space, 태양계의 끝 항성과 항성 사이의 공간)에서 혜성이 집결되어 있는 곳이다. 순수하게 오르트 구름만의 크기는 상상을 초월한다. 여러분이 이 구름 내부 띠에 닿는 데에는 300년이 걸릴 테지만, 이 구름을 넘으려면 3만 년 가까이 걸릴 것이다. 이것이 바로 우리 태양계의 진면목이다.

우주에서는 특정한 냄새가 난다

이제껏 우주가 어떤 냄새를 풍기는지 생각하느라 걸음을 멈춰본 적이 있는가? 세상에, 기이하기 짝이 없지만, 이 질문에 대한 대답이 실제로 존재한다. 우주에는 그 어떤 소리도 존재하지 않지만, 특유의 냄새는 존재한다. 아득한 미지의 세계로 탐험을 다녀왔던 수많은 우주 비행사들은 우주 냄새를 다양한 방식으로 묘사해왔다. 어떤 이들은 그 냄새가 뜨거운 금속 같다고 말한 반면, 다른 이들은 용접할 때 나오는 매연,

화약 혹은 심지어 그슬린 스테이크 냄새 같다고 묘사한다. 우주에서 정말 스테이크 탄 냄새가 났다면 나로서는 무척 실망스러웠을 것 같다고 굳이 말하지 않겠다.

지구 위 모래 알갱이보다 우주에 있는 별이 더 많다

이 유명한 말은 천문학자 칼 세이건이 한 것이다. 아주 최근 지리학 연구 결과들을 활용하여 이 문장을 분석해보지 않겠는가? 과학자들은 지구에 75해(7,500,000,000,000,000,000,000) 개의 모래 알갱이들이 포함되어 있다고 계산해냈다. 모래 수가 정말 많다! 또한 주변 은하를 연구하여 얻은 천문학적 계산 결과를 이용하여, 과학자들은 우주에는 최소 700해(70,000, 000,000,000,000,000,000) 개의 별이 포함되어 있다고 추정했다.

달은 우리에게서 멀어지는 중이다

우리에게 가장 가까운 천체인 달은 한때 지구에서 확연히 더 크게 보였다. 달이 형성되었을 당시, 실제로 달은 오늘날보다 지구에서 약 열 배 더 가까웠다. 잠깐 상상해보자. 달을 올려다보았더니 그 달이 지금 보이는 것보다 열 배 더 크게 보였다고? 최근 실시한 컴퓨터 시뮬레이션 결과는 그 당시 달이 심지어 12~19배 더 가까웠을 수도 있음을 시사했다. 즉 오늘날 지구와 달이 38만 4,000킬로미터 떨어져 있는 것에 비해 2만~3만 킬로미터 떨어져 있었다는 것이다. 오늘날 달이 지구에서 더 멀어진 이유가 어떤 우주진화론적 논쟁에 기인하는 것은 아니다. 사실 달은 끊임없이 자전하며 우리와 멀어지고 있다. 달은 매년 지구에서 3.78센티미터씩 멀어져 간다(대충 말하자면 손톱이 자라는 속도와 같다).

우쭈로 날아가버린 가장 이상한 물건들

The strangest items to have gone to space

인류 역사의 시간 동안, 약 550명의 인간만이 위험을 무릅쓰고 우주로 진출했다. 하지만 수많은 의심쩍은 물건들이 마지막 미개척지인 우주로 날아갔다. 좀 더 자세히 설명해보겠다.

라이트 세이버(혹은 광선검)

영화 〈스타워즈〉는 우주 탐험 이야기로 전 세계인의 마음을 사로잡았다. 그리고 2007년에 배우 마크 해밀이 〈스타워즈 에피소드 6: 제다이의 귀환〉에서 루크 스카이워커를 연기했을 때 사용했던 실제 소품인 라이트 세이버를 우주 비행사들이 우주로 가져갔다.

악기

만약 여러분이 우주에  악기를 한 개 가져갈 수 있다면 어떤 악기를 가져가겠는가? 실은 1965년에 우주여행을 떠난 여러 우주 비행사들이 온갖 생필품뿐만 아니라 핸드벨 세트와 하모니카까지 챙겨서 우주선 제미니 6A호에 올랐다. 그들은 통신망을 통해 '징글 벨'을 연주해서 미 항공우주국을 놀라게 했다.

특별한 음식

소고기 육포와 저장식품  을 포함하여 다양한 음식이 미지의 세계로 보내졌지만, 세계 최초의 우주 배달 음식은 2001년에 피자헛이 보낸 것이었다. 장기간의 모험적인 배송 중 피자가 상하지 않도록 그 위에 심하게 소금이 뿌려졌는데, 이 피자는 약 백만 달러를 들여 국제 우주 정거장에 있는 러시아 우주 비행사들에게 전달되었다.

세계에서 가장 유명한 장난감

미 항공우주국과 레고가 합작하여 고대 로마 신 주피터와 주피터의 아내 주노, 그리고 갈릴레오 갈릴레이 모형을 제작했고, 이 모형물들은 주노 우주탐사선에 태워졌다. 이 사업은 학생들 관심을 끌 신문 기사를 제작하기 위해 행해졌다.

보이저 1호와 2호의 골든 레코드

이것은 이제껏 우주로 보내진 물건들 중 가장 흥미진진한 것이었을지도 모르며, 인류가 다시는 회수하지 못할 가능성이 큰 물건이다. 1970년대 동안, 유명한 천문학자 칼 세이건은 중요한 질문을 하나 던졌다. 만약 인간이 우주로 보낸 우주선을 혹시라도 외계 지성체가 포착한다면, 그것이 지구에서 왔다는 것을 어떻게 알겠는가? 이 질문은 보이저 골든 레코드 제작으로 이어졌다. 1977년에 미 항공우주국의 우주 탐사선 보이저 1호와 2호가 발사되었을 때, 칼 세이건과 그의 연구팀은 재생 방법 설명서까지 완비된 30센티미터짜리 골든 레코드를 제작하여 탐사선마다 장착했다. 이 레코드에는 아날로그 형태의 이미지 115개, 55개 언어로 발화된 인사말, '지구의 소리', 그리고 세계 곳곳의 여러 시대에 걸친 90분짜리 음악 모음이 수록되어 있다.

외계인에게 보내는 메시지

파이어니어 10호와 11호에는 모두 이 탐사선들이 발사된 시대와 위치를 담은 금속판이 실렸다. 금속판에는 우리은하 속 인류의 위치 정보가 드러나 있을 뿐만 아니라 남자와 여자의 나체가 묘사되어 있다. 어쨌든 이제 외계인들이 우리의 위치와 생김새를 알았으니, 역대 모든 영화의 외계인에 대한 묘사가 사실이 아니었길 바라보자.

우주에서 가장 무시무시한 천체

The most terrifying objects in space

제일 큰 혜성은 행성 크기만 하다

엄청나게 큰 혜성에 대해 이야기해보자. 2021년, 우리 우주의 작은 동네, 태양계에서 지금까지 관찰된 혜성들 중 가장 큰 혜성이 나타났다. 50년 전 기록을 무색하게 만든 이 혜성은 지름이 136킬로미터로 가공할 만한 크기이며 혜성 C/2014 UN271라고 알려져 있다. 이 혜성은 너무 커서 처음 발견되었을 때 작은 행성으로 분류되었다. 하지만 안심해도 된다. 조만간 이 혜성이 지구에 가장 가까이 근접할 것으로 예측되는 때는 2031년인데, 이때 이 혜성은 지구에서 16억 킬로미터 이내로 접근하게 될 것이다.

우리는 향후 영향을 끼칠 가능성이 있는 소행성을 추적할 수 있다

우리 태양계 밖에는 소행성이 있는데, 6,600만 년 전 공룡이 겪었던 운명을 피하기 위해서는 가능한 한 많은 소행성을 찾아서 추적하는 것이 중요하다. 이 목표는 소행성 방향 전환을 통해 달성될 수 있는데, 2022년 9월 26일에 최초로 소행성 방향 전환에 성공했다. 미 항공우주국의 다트 우주선이 한 소행성의 궤도를 변경시켰던 것이다. 이 우주선의 비행 목표는 디모르포스 소행성과 충돌하는 것이었다. 이로써 디모르포스 소행성이 더 큰 동반 소행성 주위를 한 바퀴 도는 데 걸리는 시간을 32분만큼 단축시키는 효과가 유발되었다. 이 비행은 소행성의 방향 전환이 가능하다는 것을 보여준다. 지금껏 소행성 색출 작업은 잘 진행되어왔는데, 과학자들은 행성 파괴자급 소행성들 중 90퍼센트, 그리고 도시 파괴자급 소행성들 중 약 50퍼센트가 발견되었다고 믿는다. 하지만 2022년에 유럽 우주국의 가이아 우주 망원경 덕분에 태양계 내부 소행성들은 천문학자들이 종전에 생각했던 것보다 대략 열 배는 더 많이 존재함이 밝혀졌다. 새로운 데이터 세트는 충격적이게도 15만 4,741개의 천체가 추가로 존재하며, 게다가 이들 대부분이 소행성임을 보여주고 있다.

안드로메다은하는 우리은하와 충돌하게 된다

안드로메다은하는 우리에게 악몽이 따로 없는 끔찍한 변화를 겪게 할 것이다. 지구에서 겨우 250만 광년 떨어져 있는 안드로메다은하는 다른 보통의 나선은하 같아 보일지도 모른다. 하지만 우리은하와 안드로메다은하 간에는 중요한 공통점이 있다. 그것은 바로 궤도 경로다. 30억~50억 년 내로 우리의 국부 은하군에서 가장 큰 은하인 안드로메다는 우리은하와 충돌하게 될 것이다. 그 충돌 결과로, 훨씬 더 큰 은하가 형성될 것이다. 다만 오늘날 우리은하와 안드로메다은하처럼 나선은하는 아닐 것이다. 그보다는 거대한 타원형 은하가 형성될 것이다.

가장 큰 블랙홀

우주에서 모든 이들이 가장 두려워하는 미지의 대상은 블랙홀이다. 블랙홀은 초신성 폭발을 일으킨 아주 무거운 별이 한 점으로 압축된 잔해다. 이 잔해들 크기는 적당히 무서운 것부터 구역질나도록 심각하게 무서운 것, 생사를 가늠할 수 없는 것, 정신과 치료가 필요한 것까지 다양하다. 하지만 TON 618라고 알려진 대상은 너무 과장된 특징을 지니고 있어서 과학자들은 그러한 천체가 존재한다는 사실을 제대로 이해하기 어렵다고 생각한다. 이것은 바로 태양 660억 개의 질량과 동등한 질량을 가진 초대질량 블랙홀이다. 이 블랙홀 반지름은 대략 2,070억 킬로미터다. 이는 11개의 태양계를 나란히 늘어놓은 길이와 같다. 더욱더 충격적인 사실은, 계산상으로 보면 지구는 이 블랙홀 내부에 26,000,000,000,000,000,000,000번 끼워 넣을 수도 있다는 것이다.

우주의 끝

The end of the universe

우리는 우주와 그 무한한 경이로움이 영원히 존재하리라고 쉽게 확신한다. 하지만 실제로는 그렇지 않다. 다른 만물이 그렇듯이 우주에도 마지막이 존재한다. 다만 궁금한 것은, 어떻게 그 모든 것들이 갑자기 말 그대로 존재하기를 멈추게 될 것인가 하는 것이다. 과학자들은 우주가 어떻게 종말을 맞이하게 될 것인가에 대한 다양한 가설들을 제시해왔다. 함께 살펴보도록 하자.

대붕괴(대함몰 혹은 빅크런치)

이 가설은 일반상대성이라는 아인슈타인 이론에 기초한다. 알다시피 우주는 끊임없이 팽창하고 있다. 하지만 이것도 영원히 지속되지 않을 것이다. 지구가 고무밴드 같다고 생각해 보자. 이 고무밴드를 늘이다 보면 가장 커졌을 때, 즉 더 이상 확장되지 않고 우리가 그것을 놔버려야 할 시점이 온다. 이것이 대붕괴 가설을 받치고 있는 개념이다. 즉 어느 날 우주가 팽창을 멈추고 스스로 붕괴될 것이며, 이때 우주 안에 존재하는 모든 것을 우주와 함께 빨아들여서 마침내 그 어떤 블랙홀보다 큰 블랙홀을 형성하게 될 것이다.

대파열(혹은 빅립)

이 가설은 예전에 그 어떤 시대보다도 훨씬 더 깊이 있게 우주를 파헤치기 시작한 1990년대 후반 과학자들에게서 나온 것이다. 그들은 먼 거리에 있는 천체들이 유례없이 가속화되는 속도로 우리 지구에서 멀어지고 있음을 깨달았다. 과학자들은 만약 우주가 계속 이 속도로 가속화되어 팽창한다면, 암흑에너지가 우주를 뭉치게 하는 힘을 능가하게 되는 지점에 도달할 것이며, 우주는 정말 말 그대로 갈기갈기 찢어질 것이라 예상했다. 먼저 은하가 해체되고, 그다음 차례는 태양계가 될 것이다. 행성들이 항성에서 뜯겨나갈 것이고, 항성 그 자체도 찢겨나갈 것이며, 거기서 멈추지 않을 것이다. 모든 핵력과 분자력 역시 소멸하게 될 것이므로, 전자가 원자로부터 분리되고 계속해서 쿼크까지 분리되어 나올 것이다. 나아가 쿼크보다 훨씬 작은 그 무엇도 완전히 찢겨나가 존재하지 않게 될 것이다.

빅바운스

이 가설은 우주 종말에 대한 조금 더 낙관적인 관점이지만 역시나 지극히 가상적인 과학 모델이다. 이 모델은 우주가 끝나더라도 끝난 게 아니기도 하다고 설명한다. 언뜻 보기에 이 말은 정말 앞뒤가 맞지 않긴 하다. 그래도 설명해보겠다. 대붕괴(혹은 빅크런치) 가설처럼, 우주가 그 영원히 확장되는 모험을 더 이상 지속할 수 없을 것이며 폭발해서 도로 제 크기로 돌아오는 시점이 오게 될 것이다. 하지만 영원히 존재하는 모든 것을 영구히 제거하게 되기보다는, 또 다른 빅뱅을 일으켜 끝없이 순환하는 우주를 형성하게 될 것이다.

대동결(혹은 빅프리즈)

이 가설은 '열죽음(heat death)'으로도 알려져서 반갑게 들리지는 않는다. 우주가 갑자기 불길이 치솟으며 타올라 우주 안의 모든 것들을 단번에 모조리 파괴해버릴 리는 없다. 원래 1850년대에 이 개념을 제시했던 영국 물리학자 켈빈 경은 그보다는 물리적 에너지 소모(loss of mechanical energy)로서 열죽음을 언급했던 것이다. 본질적으로 우주가 팽창하면 팽창할수록, 온도는 더 낮아진다. 이것은 열역학 제2법칙에 따른 것이다. 대동결 가설은 언젠가 우주는 너무 넓어질 테고 에너지는 너무 얇게 퍼질 테니 우주는 얼어버리고 말 것이라는 논리다.

CHAPTER 3:

대양

우주처럼 대양은 실로
신비롭고 별스러운 영역이다.
대양은 인간과 똑같은
행성 위에 있는데도 우리 인간은
겨우 대양의 5퍼센트를
탐험했을 뿐이다.
대양의 비밀들
대부분은 아직 인간에게
발견되지 않은 상태이지만,
이번 장에서 밝히고 있듯이
그 5퍼센트에는
오금을 저리게 할 만큼
밤잠 설치게 될
무서운 사실들이 들어 있다.

딸 알려진 사실들

General facts

포인트 니모는 지구상 가장 인적이 드문 곳이다

태평양에 포인트 니모라 불리는 지점이 있다. 라틴어로 니모 (Nemo)는 '아무도 없다'라는 뜻인데, 이 번역된 표현보다 더 정확할 수는 없을 것이다. 이곳은 육지에서 가장 멀리 떨어져 있는 대양 한가운데 있는 곳이기 때문이다.

물고기도 날 수 있다

날치는 제 몸을 시속 56킬로미
터로 수면 위로 날린 다음 축
구장 두 개 길이인 200미터 거
리를 활공할 수 있다.

바다는 전염성 있는 장소다

겨우 1밀리리터 바닷물 속에는 대략 1,000만 개의 바이러스가 포함되어 있을 수도 있다.

상어는 나무보다 나이가 많다

상어는 약 수억 년 동안 존재해왔으며 나무가 존재하기 전에도 화석 기록에 등장했다. 종자식물의 최초 흔적은 대략 3억 6,000만 년 전 화석 기록인 반면, 알려진 가장 초창기 상어 흔적은 4억 2,000만 년보다 더 이전으로 거슬러 올라간다.

바다는 세계에서 가장 드넓은 묘지다

바다는 가장 흔하게 시체를 처리하는 장소다. 얼마나 흔하냐 하면 바다에는 지구상 모든 묘지를 합한 것보다 더 많은 시체가 매장되어 있다.

바다는 여러분을 부자로 만들어줄 수도 있다

방금 한 말 때문에 여러분이 메마른 육지에 두 발을 단단히 붙이고 살 수밖에 없도록 만들었을지도 모른다. 하지만 이번에 다룰 사실은 여러분이 손을 뻗어 스노클링 장비를 찾게 만들 것이다. 미국 해양청에 따르면, 우리 바다에는 2,000만 톤의 금이 들어 있다. 유일한 문제는 바닷속 금은 너무 희석된 상태여서 농도가 아주 적다는 것이다. 그래도 만약에 우리가 금을 모두 모을 방법을 찾으면, 이 행성 위 모든 사람에게 금 4킬로그램씩 줄 수 있을 정도로 충분한 양일 것이다. 미국 해양청 설명에 따르면, 평균적으로 바닷물 1리터에는 금이 약 130억분의 일 그램씩 들어 있다고 한다.

바다 밑바닥에는 강이 있다

바다는 많은 사람을 매료시키면서도 공포에 질리게 한다. 이는 전적으로 맞는 말인데 그 이유는 이제 소개할 사실 때문이다. 바다 밑바닥에는 흐르는 강 그리고 호수가 있다. 어떻게 그것이 가능한 것인지 설명해보겠다. 기본적으로 소금물이 황화수소와 화합할 때면, 그 화합물은 주변 바닷물보다 밀도가 더 높아지므로 바닥으로 가라앉아 호수나 강을 형성한다. 다만 일러두자면, 이 '소금물 웅덩이'에는 산소가 전혀 들어 있지 않아서 소금기가 아주 많을 뿐만 아니라 유독하다.

우리는 물고기 유해 속에서 수영한다

이쯤에서 경고문을 써 붙여야 할 것 같은 기분이 든다. 왜냐하면 이 글을 읽고 나면 여러분은 다음번에 해변에 갈 때 기어코 육지에 남고 싶어 할 것이기 때문이다. 여러분이 수영하거나 물속에서 무슨 사진을 찍기라도 할 때면, 거의 어김

없이 작고 하얀 알갱이들이 여기저기 떠 있는 것을 보게 된다. 여러분은 이 사실에 그리 크게 신경 쓰지 않는 경향이 있다. 그거야 뭐 모래가 흐트러졌다가 다시 가라앉는 중 아닌가? 아니다! 이는 '바다눈'으로 알려진 것으로서, 눈처럼 바다 표층에서 아래로 떨어지는 유기물이다. 식물 혹은 동물이 죽고 나서 썩기 시작하면 바다눈이 해저로 내릴 것이다. 이 알갱이들은 말 그대로 죽은 동물들 일부일 뿐만 아니라, 배설물, 모래, 검댕, 그리고 다른 무기물 티끌로도 구성되어 있다. 다음에 수영할 때는 입을 꼭 다물고 있을 것을 추천한다.

지구에서 가장 깊은 지점은 바다 밑에 있다

마리아나해구는 대략 수심 1만 1,000미터로 바닷속 가장 깊은 곳이다. 얼마나 깊은 것인지 이해를 돕기 위해 예를 들겠다. 만약 이다음에 머리 위로 비행기가 날아가는 모습을 올려다본다면, 바로 그때 여러분과 그 비행기 사이 거리는 여러분과 바다의 가장 밑바닥 사이 거리와 대략적으로 같다. 여러분이 마리아나해구 위 수면에서 보트를 타는 중이라면 말이다.

인간은 해저에 쓰레기를 버린 적이 있다

마리아나해구에 대한 믿기 어려운 사실들에 대해 말할 때 의외로 해저까지의 깊이는 아주 말이 안 되는 것은 아니다. 엄청난 외부 압력에서 탑승객들을 보호해주는 잠수정 덕분에 수심이 거의 1만 1,000미터에 달하는 곳까지 잠수하던 중, 비닐 쇼핑백 하나가 발견되었다.

여러분은 마리아나해구 밑바닥까지 수영해서 갈 수는 없을 것이다

매너 좋은 사람이 되기 위해서 그 비닐봉지를 애써 회수하려는 생각조차 하지 마라. 수중 심해로 더 깊이 들어가면 갈수록 압력은 더 커지는 법이다. 여러분은 물리적으로 헤엄쳐서 그곳까지 내려갈 도리가 없다. 다만 논의를 위해 여러분이 마리아나해구 맨 밑바닥에 서 있다고 가정해보면, 마치 점보제트기 거의 50대를 받치고 있는 기분일 것이다.

바다는 세계에서 가장 큰 박물관이다

바닷속에는 세계의 박물관을 모두 합친 것보다 더 많은 역사적 인공물이 존재한다.

바다는 난파선 수백만 척의 보금자리다

바닷속 모든 인공물이 어디에서 온 것인지 궁금한가? 수많은 인공물은 바다에서 실종되었던 선박에서 흘러나온다. 해저에는 대략 300만 개 난파선이 있는 것으로 추정된다.

지구는 완벽한 어둠 속에 존재한다

이 진술은 설득력 없고 터무니없지는 않으므로 여러분이 듣자마자 믿었을지도 모르겠다. 바다는 평균 수심이 3,600미터가 넘는데, 광파는 물을 최대 100미터까지만 투과할 수 있다. 즉 100미터 지점 밑의 모든 것들은 완벽한 어둠 속에 존재한다는 뜻이다. 물이 지구 대부분을 구성한다는 사실로 미루어보아, 지구 대부분은 언제나 완전한 어둠 속에 존재하는 셈이다.

바다는 우리를 병들게 할 수 있다

바다는 지구 표면의 약 71퍼센트를 차지하는데, 이런 바다가 인간을 심각하게 병들게 할 수도 있다고 생각하다니 의아하다. 사실 바닷속에는 박테리아가 들끓고 있다. 과학자들은 바다가 얼마나 많은 질병을 옮길 수 있을지 확신하지 못한다. 그래도 시작해보자면, 간염, 재향군인병, 메티실린 내성황색 포도상구균(MRSA) 감염, 위장염 그리고 유행성결막염에 걸릴 가능성이 있다는 사실은 확인되었다. 인간이 바다를 쓰레기 처리장 취급을 하기 때문이다.

바다는 우리를 더 건강하게 할 수 있다

바닷물은 칼륨, 염화마그네슘, 그리고 나트륨과 같은 미네랄로 넘쳐나고 있다. 미네랄은 머리카락과 피부결 감촉을 좋게 만들어줄 수 있다. 또한 우리 몸이 전염병과 싸우고, 염증을 줄이고, 조금 베이거나 긁힌 상처를 치유하는 데 도움이 된다. 무엇보다도 해풍은 소금 함량이 높아서, 그러니까 매우 걸쭉해서 해풍을 들이마시면 목과 호흡기관을 깨끗하게 하는 데 도움이 될 수 있다. 이런 특징 때문에 해풍은 우리가 낮 동안 더 활기차게 깨어 있게 해준다고 알려져 있기도 하다.

세계에서 가장 거대한 생명체는 바다에 있다

바다는 수많은 형태의 생물 보금자리다. 여기에는 세계에서 가장 거대한 생명체인 오스트레일리아의 그레이트 배리어 리프도 포함된다. 장장 2,300킬로미터로 뻗어 있는 이 거대한 생명체는 대기권 밖에서도 보인다. 그레이트 배리어 리프는 산호 폴립으로 알려진 수십억 개의 작은 유기체들로 구성되어 있으며, 독특하고 다양한 생태학적 군집, 서식지, 그리고 종들이 자리 잡고 있는 곳이다. 이 덕분에 이 산호초는 세계에서 가장 복잡한 자연 생태계 중 하나다.

빙산은 생각보다 크다

남극대륙의 큰 빙산은 760억 리터가 넘는 물을 함유한다. 이 정도 물이면 백만 명 사람에게 최대 5년 동안 식수를 공급하는 것이 이론적으로 가능하다. 이 이론적 가능성은 실제로 아랍에미리트의 한 회사의 구미를 당겼고, 그리하여 그들은 남극대륙 빙산을 연안까지 예인할 계획 중이다. 이렇게 하는 이유는 아랍에미리트가 연간 평균 10센티미터 강우량을 보이며 향후 25년 내로 심각한 가뭄을 맞닥뜨릴 위기에 직면해 있기 때문이다.

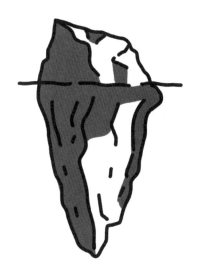

섬뜩한 쓰나미

바다는 매혹적인 피조물들로 가득 찬 아름다운 장소이기도 하지만, 엄청난 공포의 장소가 될 수도 있다. 지진해일(seismic sea waves) 혹은 해일(tidal waves)이라고도 하는, 지진의 결과로 촉발된 쓰나미는 바다 깊이가 5.9킬로미터에 달하는 곳까지 최대 시속 805킬로미터로 바다를 가로지를 수도 있다. 이 속도를 이해하기 쉽게 설명하자면, 상용기의 평균 속력이 시속 885킬로미터와 시속 933킬로미터 사이에 떨어진다는 것이다.

미국은 물속에 잠겨 있다

미국은 952만 6,468제곱킬로미터 면적을 지녔지만, 미국의 50퍼센트가 물속에 잠겨 있다고 하면 믿을 텐가? 그 이유는 미국의 국경이 육지가 끝나는 곳에서 멈추는 것이 아니기 때문이다. 사실, 국경은 해변에서 200해리 밖까지 확장된다.

녹은 얼음이 자유의 여신상을 잠기게 할지도 모른다

기후 변화로 만년설 융해가 초래되고 있다. 그런데 만약 지구상 모든 얼음이 녹는다면 해수면이 얼마나 많이 올라가는지 아는가? 미 항공우주국의 제트 추진 연구소는 바다가 80미터만큼 상승할 것으로 추정한다. 이 정도면 26층짜리 건물 높이와 같거나, 자유의 여신상보다 약간 작을 뿐이다.

조만간 바다에는 물고기보다 플라스틱이 더 많아질 것이다

2050년까지 바닷속 플라스틱 양이 물고기 무게를 능가할 것으로 추정된다. 최근 인간들은 매년 약 800만 톤의 플라스틱을 바다에 버리는데, 만약 이 속도로 그런 상황이 계속된다면 2050년까지 물고기보다는 바닷속 플라스틱이 더 많아질 것이다.

대서양

Atlantic Ocean

여러분은 기구를 타고 대서양을 건널 수도 있다

사람들은 수년간 대서양을 건너기 위해 별의별 시도를 다 해보았지만, 대서양 횡단은 말만큼 쉬운 일이 아닐지도 모른다. 많은 사람이 기구를 타고 대서양 횡단을 도전해왔지만, 이날까지 한 사람만이 성공했을 뿐이다. 1978년에 벤 아브르쪼와 맥시 앤더슨은 더블 이글 2호라 불리는 열기구를 타고 대서양 횡단에 도전했다. 메인주, 프레스크 아일에서 출발한 이 열기구는 137시간 후에 파리시 근처 보리밭에 착륙했다. 11층 높이의 헬륨 가스가 채워진 기구에서 조종사들은 핫도그와 정어리 통조림으로 연명하면서 견뎌냈다.

조석은 건물 한 채만큼 높아질 수도 있다

우리가 언제나 조석 높이를 고려하는 것은 아니다. 보통 해변에 있을 때 조석 때문에 깜짝 놀랄 일은 전혀 없기 때문이다. 다만, 대서양을 둘러싼 만에서의 상황은 매우 다르다.

15~18미터에 달할 수 있는 대서양 주위 조석은 대략 6층짜리 건물 높이와 같다.

바다에는 자쿠지가 있다

여러분이 바다 깊은 곳에서 최후를 맞이하게 할 수 있는 위험 요소는 심해생물 혹은 압도적인 수압뿐만이 아니다. 지구 행성 자체가 위험 요소가 될 수도 있다. 열수공은 해저에서 발견되는데 뜨겁고 어두운 색의 물기둥을 분출하는 것으로 알려져 있다. 이 물기둥은 유황 성분 함량이 엄청나게 높으며 최대 18층 높이 굴뚝 모양을 형성하는 것으로 알려져 있다. 그렇지만 열수공은 여러분이 즐겨 찾는 스파의 자쿠지처럼 푹 쉴 수 있는 곳은 아니다. 열수공에서는 물이 섭씨 400도까지 가열될 수도 있기 때문이다.

<니모를 찾아서>에 나오는 괴물이 현실에 존재한다

영화 <니모를 찾아서>에서 도리와 말린이 '그냥 계속 헤엄치는 거야'라고 되뇌며 어두컴컴한 바다로 들어가서 갑자기 '백열전구'가 달린 끔찍한 괴물 물고기를 맞닥뜨리는 장면을 모두 기억할 것이다. 이 괴물 물고기는 픽사의 상상력에서

나온 결과물이 아니다. 아귀라고 알려진 실제 존재하는 물고기다. 보통은 '바다의 악마'라고 일컬어지는데, 이 물고기가 현실 세계에서 친근한 상대는 아니라는 것은 곧장 감 잡을 수 있을 것이다.

세계에서 가장 규모가 큰 폭포는 바닷속에 있다

폭포 하면 나이아가라 폭포가 떠오른다. 하지만 바닷속 폭포에 대해 생각해본 적 있는가? 글쎄이겠지만, 덴마크 해협을 통과하는 해수 밑에는 세계에서 가장 큰 폭포가 자리 잡고 있다. 어떻게 바닷속에 폭포가 존재할 수 있는지 궁금할 것이다. 노르웨이해에서 흘러나오는 더 차갑고 농도가 짙은 해수가 이르밍거해에서 흘러나오는 더 따듯하고 농도가 가벼운 해수와 접촉할 때 폭포가 형성되는 것이다. 차가운 해수가 1초에 약 500만 세제곱미터씩 아래로 흐르면서 해저로 떨어지는 것이다. 나이아가라 폭포의 유량은 고작 1초에 2,407세제곱미터다. 덴마크 해협 높이는 3,500미터인데, 지상에서 제일 높은 폭포인 앙헬 폭포 높이의 세 배가 넘는다.

한때 지중해는 텅 비어 있었다

알다시피 지중해는 지브롤터 해협으로 대서양까지 연결되어 있다. 하지만 무려 500만 년 전에는 이렇지 않았다. 지중해는 한때 완전히 마른 분지였다. 일반적으로 우리가 알고 있는 지중해의 현재 평균 수심은 4,000~5,000미터다. 이를 고려해볼 때 잔클레 홍수라 알려진 대홍수가 시작되어 대서양으로부터 해수가 지브롤터 해협을 통해 퍼부어지면서 이 분지를 채우기 전에는, 지중해가 유럽, 아프리카, 그리고 아시아 대륙을 가르는 아주 깊고 건조한 계곡이었다는 사실을 상상하기는 힘들 것이다. 엄청난 양의 급류 덕분에 그 분지는 단 2년 만에 채워졌을 것으로 추정된다.

더 추워질 것이다

여러분이 유럽 어딘가에 살고 있다면 아마 지금 소개할 사실이 달갑지 않을 것이다. 기후 변화는 대서양에 큰 영향을 주고 있으며 북유럽을 극심한 한파에 놓이게 할 수 있다(이 부근이 추워도 너무 춥다는 사실은 이미 알고 있지만 말이다). 기후 변화는 대서양의 열 염분 순환에 악영향을 준다. 기본적으로 이 열 염분 순환 시스템은 흐르는 따듯하고 찬 해류들이 적절한 방향으로 계속 움직이게 함으로써 해수 온도 균형을 잡아준다. 다만 그 속도가 줄어들고 있는 실정이다. 만약 해류가 따듯한 해수를 유럽 대륙으로 충분히 가져다주지 못한다면, 이 대륙 한쪽에서 큰 폭의 기온 하강을 목도하게 될 수도 있다.

태평양

Pacific Ocean

상어는 화산 내부에 살기도 한다

상어는 이제껏 이 지구를 배회해온 눈에 띄는 포식자들에 속한다. 하지만 상어가 수많은 환경에 적응할 수 있다는 사실을 여러분은 몰랐을 것이다. 상어는 말할 것도 없고, 그 어떤 생명체가 화산 속에서 서식하고 번성하리라고 예상했겠는가? 밝혀진 바에 따르면, 2015년에 카바치 해저화산 과학 탐사대는 귀상어를 포함하여 두 종의 상어가 물속에 잠겨 있는 분화구 속에 살고 있다는 사실을 발견했다. 그곳의 해수 상태는 평범하지 않다. 분화구 안쪽에는 과열되고 산성화된 해수의 슈퍼마린(supermarine) 물기둥들이 있는데, 이 산성 물기둥에는 항상 화산암 파편들, 입자상 물질, 그리고 황이 포함되어 있다. 이런 사실이 밝혀진 후, 이 분화구는 '샤크카노(sharkcano)'라는 별명으로 불리게 되었다.

태평양은 달보다 더 크다

태평양은 드넓다. 크기를 이해하기 쉽게 설명하자면, 인도네시아에서 콜롬비아까지 태평양 폭을 가장 넓게 잡으면 태평양은 달보다 더 크다. 그저 약간 차이 나는 것이 아니라 꽤 많이 차이 난다. 태평양의 탁 트인 구역의 폭은 약 1,980킬로미터이며, 이는 달 지름의 무려 다섯 배나 된다.

상어 카페가 있다

만약 상어들이 저들만의 수중 카페를 갖고 있다고 하면 믿을 텐가? 2002년에 과학자들은 태평양의 먼 곳에서 겨울에 해안의 백상아리들이 이동해오는 한 수역을 발견했다. 이 수역은 바하칼리포르니아주와 하와이 섬 사이에 위치하며, '백상아리 카페'라는 별명이 달렸다. 백상아리들이 먹이, 주로 오징어를 찾아서 그리고 짝짓기를 위해 이곳으로 이동해오기 때문이다.

태평양에는 쓰레기 지대가 있다

태평양은 인류에게 많은 해를 입어왔는데 태평양 거대 쓰레기 지대(Great Pacific Garbage Patch, GPGP)에서 그 폐해를 명백하게 확인할 수 있다. 이 지대는 해양 쓰레기뿐만 아니라, 물병, 타이어, 의자, 그리고 휴대폰을 포함한 늘어만 가는 각종 인간 쓰레기로 이루어져 있다. 태평양 거대 쓰레기 지대는 약 2조 개의 플라스틱 폐기물을 수용하고 있으며, 전 세계 바닷속 플라스틱 오염의 3분의 1을 처리한다. 전 세계 바다에는 다섯 군데의 유명한 쓰레기 지대가 있다. 인도양에 한 개, 대서양과 태평양에 각각 두 개가 있으며, 태평양 쓰레기 지대가 그중 가장 거대하다.

바다가 줄어들고 있다

여러분은 매년 태평양이 약 2.5센티미터씩 줄어들고 있다는 사실을 알고 있어야 할 것 같다. 판구조론 영향 때문이다. 하지만 태평양이 줄어들고 있는 반면, 대서양은 매년 대충 동일한 양만큼 늘어나고 있다.

누군가 태평양을 발견했다

물론 지금에 와서야 전체 대양에 눈길을 준 최초의 인물이 누구인지 알 길이 없지만, 바스코 누네즈 발보아가 유럽인 최초로 태평양을 발견하고 항해했다는 것은 알려진 사실이다. 1513년에 그는 금을 찾기 위해 원정대를 이끌고 탐험 중이었다. 바스코는 태평양과 태평양을 둘러싼 모든 땅의 소유권이 스페인에 있다고 선포했다.

태평양에는 불의 고리가 포함되어 있다

태평양에 관한 한 가지 무시무시한 사실은 전 세계 화산의 75퍼센트가 포함되어 있다는 것이다. 이 화산들은 태평양 분지를 빙 둘러싸고 있어서, 다 합쳐서 '불의 고리'라고 알려져 있다. 화산뿐만 아니라 이 불의 고리 영역 역시 지진과 다른 소란(distruabances)들에 영향받기 쉽다. 페르디난드 마젤란은 태평양을 '평화로운 바다'로 묘사했지만, 나는 도저히 동의하기 어렵다. 환태평양 지진대가 엄연히 존재하며 가장 유명한 화산 분출 중 하나인 1883년 크라카타우 산 분출이 있었기 때문이다. 이 화산 분출로 거의 3만 7,000명이 목숨을 잃었다.

태평양에는 멸종 위기에 처한 종들이 있다

태평양은 무시무시한 곳이다. 여기까지 읽었다면 여러분은 태평양에서 가능하면 멀찍이 떨어져 있고 싶을지도 모른다. 하지만 우리에게는 태평양을 보호해야 하는 의무도 있다. 태평양은 적어도 여섯 개의 멸종 위기로 알려진 종들의 서식지이기 때문이다. 그 멸종 위기종에는 고래, 바다거북, 해달, 물개, 그리고 바다사자가 포함되어 있다. 수많은 생물종이 태평양에 서식하고 있건만, 환경운동가와 과학자들은 이 해양 생명체들 미래에 대해 걱정을 하고 있다. 태평양에 서식하는 종들은 태평양 생태계 균형에 의존하여 번성하기 마련인데, 사냥꾼, 자연적 포식자의 증가, 자연적 피식자의 감소, 그리고 기름 오염과 같은 복합적인 요소들로 인해 개체 수에 심각한 악영향을 미치는 상태이기 때문이다.

인류 최초의 태평양 횡단은 기원전 3000년에 일어났다

태평양은 아주 오랜 시간 동안 인류에게 매우 특별한 의미를 지녀왔다. 태평양은 1500년대에야 유럽인들에게 겨우 발견되었지만 일부 유럽인들은 더 오랜 시간 동안 이곳을 탐험했다. 사실 인간은 기원전 약 3000년부터 이주를 목적으로 태평양을 이용해왔다. 인간이 태평양의 일부 지역, 특히나 타이완 주변을 지나 여행길에 오르기 시작한 것도 이 시기 동안이었다. 특히나 타이완 주변 지역에서는 사람들이 카누를 사용하여 무역과 이주를 목적으로 태평양을 횡단했다.

북극해

Arctic Ocean

북극해는 수심이 가장 얕은 바다이다

전 세계 바다들 중 북극해가 수심이 가장 얕은데, 평균 수심이 1,038미터에 달한다.

북극해에는 나라 하나 크기의 빙산이 포함되어 있다

가장 규모가 큰 북극해 빙산은 빙산 B-15으로 알려져 있다. 대략적으로 측정하면 길이는 294킬로미터, 너비는 37킬로미터로, 이 빙산 크기는 자메이카 섬 전체보다 더 넓다.

타이타닉호가 부딪친 유명한 빙산은 여기에서 생겨났을지도 모른다

타이타닉호는 빙산과의 충돌로 침몰했고, 이 빙산은 북극해의 빙하에서 떨어져 나갔을 가능성이 있다.

인도양

Indian Ocean

인도양은 수백만 년 된 바다이다

대략 3600만 년 전에 인도양의 현재 형태가 형성되었다고 여겨진다.

인도양에는 사라진 대륙이 포함되어 있다

여러분은 틀림없이 이 사실에 대해 모르고 있었을 것이다. 탐험가들은 모리셔스 섬 아래 위치한, 지금은 용암으로 덮여 있는 대륙 한 조각을 발견했다. 추가적인 연구를 통해, 지각에서 사라졌던 이 조각이 2억 년 전에 지구상에 존재했던 곤드와나 대륙이라는 초대륙에서 유래한다는 설이 제기되었다. 그 이후로 연구팀은 이 잃어버린 땅덩어리를 모리티아라고 명명하기로 결정했다.

인도양에도 쓰레기 지대가 있다

불행하게도 인도양은 아주 심각하게 오염된 상태다. 사실, 인도양 쓰레기 지대라고 알려진 곳에서는 1조 개가 넘는 쓰레기 폐기물이 떠다니고 있다. 이 구역은 500만 제곱킬로미터에 걸쳐 있으며 오스트레일리아에서 모잠비크 해협까지 펼쳐져 있다. 이 쓰레기 지대는 주로 플라스틱 쓰레기로 채워져 있다.

인도양은 아주 위험하다

인도양이 매혹적이고 자원이 풍부하기는 하지만, 사이클론 (열대 저기압), 홍수, 지진 그리고 쓰나미와 같은 자연재해에 취약하기도 하다. 이 모든 자연재해가 인도양 내에서 일어나도록 하는 복합적인 이유가 존재한다. 증발된 수증기가 비로 바뀌고 지각판이 이동하기 때문이다. 사실, 인도양에서는 1970년 이후로 자연적 재앙이 470퍼센트 증가해왔다.

인간 활동이 인도양을 완전히 파괴할 수도 있다

이 수역은 세계의 수많은 주요 땅덩어리들을 연결하고 있기 때문에 무역로로 사용된다. 다만 석유 추출과 수송이 계속되면서 매년 인도양을 오염시키는 기름 유출 사고가 수차례 일어난다. 인도양에서 가장 오염된 수역으로는 홍해, 페르시아만, 그리고 아라비아해가 있다.

CHAPTER 4:

피리

여기 소개될 그 어떤 사실도
학교 지리 수업 시간에 배운 내용이
아니란 것은 확실히 보장할 수 있다.
사실일 거라고는 짐작하지도 못했던,
우리가 살고 있는 세계에 대한
별나고 터무니없는 사실들에 빠져보자.
모쪼록 놀라지 않는 행운을 빈다.

영국

UK

영국인은 차를 많이 마신다

영국 사람들 하면 제일 먼
저 떠오르는 생각은 무엇
인가? 감미롭고 따듯한 차
한 잔일 것이다. 영국에서
는 차만 마신다는 생각은
고정관념일지도 모른다.
그래도 이 고정관념에는

어느 정도의 진실이 담겨 있다. 사실, 영국에서 차는 전국적
으로 선호하는 음료임은 틀림없다. 영국 사람들은 매년 360
억 잔의 차를 소비하기 때문이다.

가장 오래된 지하철역은 런던에 있다

전 세계적으로 56개국에 180개가 넘는 전철 시스템이 존재
하지만, 런던의 지하철 '튜브'가 제일 오래되었다는 사실을

알고 있었는가? 런던 지하철은 공식적으로 1863년 1월 10일에 개통되었다.

수백만 명의 사람들이 튜브를 이용한다

런던 지하철은 매일 500만 명의 승객이 이용하는 총 11개의 노선을 갖고 있다.

모기가 런던 지하철을 습격한 적이 있었다

그 500만 명의 승객들은 조심할 필요가 있다. 왜냐하면 런던 지하철에서만 볼 수 있는 모깃과의 한 아종이 있기 때문이다. 이 아종은 지하집모기(Culex pipiens molestus)라는 이름으로 통한다. 그렇다, 우리가 여름휴가 중에 걱정할 수밖에 없는 이 성가신 생물체는 우리가 지하 깊숙한 곳에 있을 때마저도 우리를 계속 찔끔찔끔 빨아먹기로 작정한 것이다.

세계에서 가장 짧은 비행시간은 1분 미만이다

영국이 세계에서 가장 짧은 항공편 발상지라는 사실을 알고 있었는가? 스코틀랜드에서는 웨스트레이 섬에서 훨씬 더 작은 파파 웨스트레이 섬까지, 평균 항공 시간이 단 2분 40초인 항공편을 잡아탈 수 있다. 그날따라 바람이 딱 맞는다면, 이륙부터 착륙까지 비행시간이 심지어 53초로 단축될 수도 있다.

동물들도 여권이 필요하다

믿거나 말거나, 영국을 떠나기 위해서 여권이 필요한 것은 사람만이 아니다. 말, 당나귀, 노새, 그리고 얼룩말 모두 역시 여권이 필요하다. 서류에는 소유자 이름과 해당 동물의 백신 접종 기록뿐만 아니라 종, 품종, 털 색상과 같은 정보가 들어 있다.

택시 운전사는 지리의 천재다

런던 택시 운전사 들은 지리에 관해 서 거의 천재다. 여 러분이 정말로 런 던에서 택시 운전 사가 되고 싶다면,

너무 까다로운 나머지 뇌를 실질적으로 달라지게 하는 시험

을 치르게 될 것이다. 이 시험에는 320가지 주행 샘플에 나오는 모든 도로, 갈림길 그리고 교차로 외우기, 지름 9.6킬로미터의 채링크로스 지역 내의 2만 5,000개의 모든 거리, 도로, 골목길 그리고 부지 외우기, 또한 박물관, 극장, 클럽, 펍그리고 묘지와 같은 2만 개가 넘는 개별 랜드마크와 관광객혹은 현지인이 가고 싶어 할 만한 관심 지역 외우기가 포함된다.

영국은 예전에 프랑스어를 썼다

프랑스어를 할 줄 알거나 할 수 있길 바란 적이 있는가? 사실, 여러분이 1066년~1362년 사이에 영국에 살고 있었다면그랬을 것이다. 왜냐하면 노르망디공 윌리엄 1세가 지휘한노르만정복 이후 근 300년 동안 프랑스어는 잉글랜드의 공식 언어였기 때문이다. 영어는 1362년에서야 법정에서의 공식 언어가 되었을 뿐이다.

빅벤은 시계가 아니다

이것은 여러분 중 몇몇에게는 획기적인 사실일 것이다. 만약내가 여러분에게 빅벤이 무엇이냐 물었다면, 여러분은 아마

'런던에 있는 그 엄청나게 큰 시계탑'이라고 대답했을 것이다. 하지만 틀렸다. 모두들 빅벤이라는 해시태그를 붙여 인스타그램에 사진을 찍어 올리는 탑은 엄밀히 말해서 빅벤이 아니다. 2012년까지 이 탑은 세인트 스티븐스 타워로 알려졌기 때문이다. 2012년 후에는 엘리자베스 여왕의 다이아몬드 주빌리를 기념하기 위해 엘리자베스 타워로 명칭이 바뀌었다. 빅벤은 탑 자체의 이름이 아니라, 탑 내부에서 차임벨 소리를 내는 종의 이름이다.

영국은 역사상 가장 짧은 전쟁을 치렀다

영국은 지난 세월 수많은 전쟁에 개입해왔는데, 여러분은 이제껏 역사상 가장 짧은 전쟁이 무엇이었으며 어떤 인물과 관련 있었는지 궁금한 적이 있는가? 다행스럽게도 바로 지금 내가 그 답을 알고 있다. 그 전쟁은 1896년 발발한 영국-잔지바르 전쟁이라 명명되었는데, 고작 38분 지속되었기에 역사상 가장 짧은 전쟁으로 기네스 세계 기록 인증을 받았다. 이 전쟁은 영국이 잔지바르를 대영제국의 보호국으로 선언하면서 시작되었다. 1893년에 영국은 하마드 빈 투와이니를 '꼭두각시'로 세워 잔지바르를 보호국으로 삼는다. 하지만 1893년에 하마드가 갑자기 죽고 그의 사촌 칼리드 빈 바르가쉬가 영국의 승인 없이 그 자리를 물려받았다. 칼리드는 영국의 명령에 반하여, 물러나기를 거절했고 그 대신 왕궁 주위로 군대를 집결시켰다. 그다음 날 오전 9시에 영국 함선에 왕궁을 포격하라는 명령이 떨어졌다. 단 2분 후에 왕궁의 목조 골격은 그 안에서 방어하던 3,000명의 사람들(defenders)과 함께 무너졌다. 폭격은 오전 9시 40분에 중단되었고 이것으로 전쟁은 끝이 났다.

네스호는 절대 얼지 않는다

알다시피 날씨가 충분히 추워지면 호수는 얼기 시작한다. 하지만 유명한 네스호는 그렇다고 말할 수 없다. 스코틀랜드 하일랜드 지방에 있는 이 호수는 섭씨 영하 15.2도 정도로 낮은 온도를 겪는 것으로 알려져 있는데, 이 조건에서조차 네스호는 절대 얼지 않는다. 이것은 네스호의 수온약층(수역 내에서 수온의 급격한 변화를 확인할 수 있는 층) 때문이다. 대략 30 미터 깊이에서 수온이 섭씨 7도에 머물러 있다. 겨울 동안, 더 차가운 표면층은 밑에서부터 치밀어오르는 더 따듯한 물로 교환이 이루어진다. 이것은 과학적인 설명일 수도 있겠다. 우리끼리 얘기지만, 우리는 그 진짜 이유를 알고 있다. 네스호에서 우연히 찍힌 괴생물체 네시가 훈훈한 물에 목욕하기를 좋아하기 때문이라는 것을 말이다.

옥스퍼드대학교는 아즈텍 제국보다 역사가 더 오래되었다

여러분은 영국에 아즈텍 제국보다 먼저 생긴 대학교가 있다는 사실을 알고 있었는가? 세계적으로 명성 있는 옥스퍼드대학교는 실제로 아즈텍 제국보다 대충 230년 더 오래되었다. 이 대학교는 윌리엄 2세의 통치 기간 중, 기원후 1096년에 지어졌다.

영국에는 악센트가 풍부하다

영국은 전역에 걸쳐 다수의 악센트를 갖고 있는 것으로 알려져 있다. 다 합쳐서 대략 56개의 다양한 악센트가 존재하는데, 총면적이 영국보다 40배 더 큰데도 불구하고 42개의 악센트가 존재하는 미국보다 훨씬 더 많은 수이다. 영국 악센트는 약 40킬로미터마다 한 번씩 바뀌는 것으로 추정된다.

영국은 유럽에서 가장 긴 마을 이름을 보유하고 있다

영국에서 가장 이름이 긴 마을은 영국뿐만 아니라 유럽을 통틀어서도 가장 긴 이름 신기록을 보유하고 있다. Llanfairpwll gwyngyllgogerychwyrndrobwllllantysiliogogogoch에는 인상 깊게도 58자나 들어 있으며, 웨일스어를 구사하는 사람이 아니면 이것을 발음하기란 거의 불가능하다. 이 이름은 유럽에서 가장 긴 지명일지 모르지만, 전 세계에서 제일 긴 것은 아니다. 세계 신기록 타이틀은 뉴질랜드 북섬에 있는 언덕 이름에 돌아간다. Taumatawhakatangihangakoauauotamateaturi pukakapikimaungahoronukupokaiwhenuakitanatahu에는 끝내주게도 85자가 포함되어 있다.

미국

미국의 피자 소비량은 상당하다

영국 사람들이 매년 충격적으로 많은 양의 티를 소비한다는 사실을 우리는 알고 있다. 그렇다면 미국의 경우는 어떨까? 미국 사람들은 매일같이 약 40만 4,685제곱미터의 피자를 먹는다. 총체적인 관점에서 이해해보자면, 이 수치는 대략 축구 경기장 66개짜리 면적이다.

미국은 알래스카주를 매수했다

미국의 50개 주 중 하나가 되기 전, 19세기 동안 알래스카는 러시아 소유였다. 그런데 재미있는 사실은, 알래스카가 대충 1제곱킬로미터당 5달러 가격으로 미국에 팔렸다는 것이다. '완전 헐값'이라고 생각할지도 모르겠다. 다만 알래스카 면적이 약 148만 제곱킬로미터임을 고려하면, 매입 가격은 740만 달러, 즉 약 98억 원과 같다.

미국은 세계에서 제일 큰 호수를 보유하고 있다

슈페리어호는 표면적으로 세계에서 가장 큰 담수 호수이며, 부피 면에서는 세계에서 세 번째로 큰 호수다. 슈페리어호는 면적이 약 8만 2,000제곱킬로미터로 실제로 너무 거대해서, 아메리카 대륙 전체를 최대 0.3미터 깊이로 잠기게 할 수 있을 만큼 충분한 양의 물을 저장하고 있다. 여기서 '아메리카 대륙 전체'란 북아메리카 대륙과 남아메리카 대륙 모두를 의미한다.

유니콘은 실제 존재할지도 모른다

유니콘은 실제로 존재할까? 순진한 질문이다. 실체가 없지 않은가? 유니콘은 아름다운 신화 속 동물이다. 그렇다면 미시간주의 레이크 수퍼리어 주립 대학에서 유니콘 사냥  자격증을 획득하는 것이 가능한 이유는 무엇일까?

어떤 호수들은 생각보다 더 깊다

해양공포증이 바다를 두려워하는 것이라면, 호수공포증은 호수를 두려워하는 것이다. 지금 소개할 사실을 읽고 나면 여러분에게 당장 생길 것이 바로 이 호수공포증이다. 오리건 주의 크레이터 호수는 수심이 592미터다. 지면상으로는 크게 와닿지 않을지도 모르니 깊이를 헤아려보자면, 이 수심은 위로 층층이 쌓아올린 자유의 여신상 여섯 개를 잠기게 할 만큼 매우 깊다.

미국은 세계에서 가장 거대한 도서관 발상지다

세계에서 제일 큰 도서관은 워싱턴 D.C.에 자리 잡고 있다. 이 도서관에는 대략적으로 1,350킬로미터 길이의 서가가 여러 개 있는데, 만약 이 서가들 끝과 끝을 맞대어 일직선상에 놓는다면 이 서가 줄은 휴스턴에서 시카고까지 뻗을 정도로 길다.

아메리카합중국(The United States of America)은 다른 명칭을 가질 수도 있었다

미국에서 오랜 세월에 걸친 꽤 흥미로운 명칭 변화에 대해서는 이미 다루었다. 하지만 장담하건대, 이번에 소개할 사실은 한 번도 들어본 적 없을 것이다. 1893년에 나라 이름을 어스합중국(The United States of Earth)으로 개명하기 위한 수정안이 제출되었다는 것이다.

유타는 행복한 주인데, 앨라배마는 그리 행복한 주가 아니다

여러분은 행복한 사람인가, 불행한 사람인가? 어쨌거나 연구 결과에 따르면, 이 질문에 대한 대답은 여러분이 어떤 지역에 거주하고 있는가에 달려 있을 수도 있다. 추측하건대 유타주는 미국에서 가장 행복한 주이며, 간소한 차이로 미네소타주가 뒤를 잇는다. 하지만 앨라배마와 웨스트버지니아는 둘 다 불행한 주로 순위에 오른 상태다.

인구수가 한 명인 마을이 있다

여러분은 어느 때고 한 마을에서 완전히 혼자 힘으로 살아보겠는가? 사실, 미국의 한 여성에게 그런 삶은 현실이다. 네브래스카주의 모노와이는 공식적으로 자치행정을 하는 인구수가 1명인 유일한 마을이다. 여든한 살의 유일한 주민이 시장이자 사서이자 바텐더다. 이 이야기를 들으니 〈더 라스트

오브 어스)가 떠오른다. 아는 사람은 알 것이다.

상어보다 사람한테 물릴 가능성이 더 크다

통계적으로 뉴욕에서는 사람한테 물릴 가능성이 플로리다
주 앞바다에서 상어에게 물릴 가능성보다 더 높다. 여러분
이 죠스보다 뉴요커에게 물릴 가능성이 열 배 더 높다는 뜻
이다.

미국에는 유명한 맏이들이 꽤 많다

상당수 우주 비행사들, 역대 대통령, 그리고 노벨상 수상자
들은 그 가정에서 모두 맏이였다. 예를 들어, 여러분이 알고
있을지도 모를 몇몇 이름들로는 버락 오바마, 조지 워커 부
시, 빌 클린턴, 지미 카터, 그리고 샐리 라이드가 있다. 이 유
명한 사람들이 모두 실은 한 가정의 첫째 아이였던 셈이다.

금문교를 칠하는 작업은 영원히 끝나지 않을 것이다

금문교는 끝없이 페인트칠을 해야 하는 일거리다. 페인트를
부식시키는 소금물 때문에 정기적으로 이 장대한 구조물에
페인트를 칠해야 한다. 그런데 일단 다시 칠하는 작업이 완

료되자마자 곧장 또다시 칠을 시작해야 할 정도로 부식이 빠른 속도로 일어난다.

미국 사람들이 언제나 커피로 하루를 시작하는 것은 아니었다

커피가 항상 아침을 시작하는 보편적인 방식인 것은 아니었다. 1900년대 이전 미국의 유행은 맥주나 사과술 한 잔을 곁들여 담백한 죽을 넘기는 것이었다.

여러분의 트위터 메시지가 도서관에 있을지도 모른다

소셜미디어 플랫폼인 트위터와 제휴한 덕분에, 미국에서 전송되는 모든 공공 트위터 메시지는 의회 도서관 내부에 디지털 방식으로 보관되어왔다.

미국이 원자폭탄을 분실했다

여러분은 산책하러 나갔다가 분실된 원자폭탄을 발견하는 상상을 한 번이라도 해본 적 있는가? 미국에 가면 가능한 일일 수도 있다. 1958년에 미 육군 무기고에서 원자폭탄이 사라졌는데 이날까지 전혀 발견되지 않았기 때문이다. 원자폭탄은 조지아주에서의 모의 전투 임무 중에 사라졌다. 무기가 탑재된 B47 폭격기가 F86 전투기와 충돌했던 것이다. 기체 무게를 줄이려는 목적으로 원자폭탄을 투하해도 된다는 승인을 받았던 것이다. 폭탄은 서배너강 어귀 부근에 떨어졌다. 폭탄이 내려앉은 곳이 어디이든 간에 그곳은 폭탄이 최종적으로 묻힌 곳이며 바로 이날까지도 그곳에 잠들어 있다.

그렇다, 분실한 원자폭탄은 한 개 이상이다

핵폭탄이 분실된 것이 한 번이 아니다. 인간이 이제껏 창출한 무기들 중 가장 위험한 무기를 어떤 경위로 계속해서 잃어버리는지 전적으로 확신할 수는 없지만, 이런 일은 한 번이 아니고 다섯 번이나 더 일어났다. 다행스럽게도 분실된 폭탄 대부분은 누군가의 뒷마당이 아니라 바닷속 깊은 곳에 묻혀 있다.

마을 전체가 한 건물에 들어 있다

알래스카주에는 인구수 217명의 한 도시가 있다. 이 도시 사람들 대부분이 한 건물에 살고 있다. 이 건물에는 학교, 식료품점, 교회, 그리고 병원이 수용되어 있다. 이 마을에는 '한지붕 마을'이라는 별명이 붙여졌다.

캘리포니아주는 캐나다보다 크다

만약에 내가 캐나다와 캘리포니아주 가운데 어느 쪽이 더 크냐고 묻는다면 여러분의 대답은 캐나다일 것이다. 그렇지 않은가? 사실, 지리적 크기 관점에서는 그 대답이 맞을지도 모른다. 하지만 인구에 관해서라면 캘리포니아주가 캐나다를 이긴다.

일본

Japan

수박이라고 다 둥근 것은 아니다

내 마음에 쏙 드는 일본에 관한 사실들 중 하나는 과일과 관련된 것이다. 수박을 저장할 때 그 모양 때문에 짜증이 나고야 마는 상황은 모두들 상상할 수 있을 것이다. 그래서 일본 사람들은 수박을 옮기고 저장하는 효율적인 방법을 마련했다. 한 농부는 진심으로 고객들을 끊임없이 만족시키기 위해 정사각형 수박 키우는 법을 찾아냈다. 이 아이디어가 입소문이 나자, 그 후 정육면체 수박이 러시아 시장에서 약 117만 원(690파운드)에 목격되기도 했다. 거기서 그치지 않았다. 더 최근에는 하트 모양 수박이 출몰했고 계속해서 극찬을 받고 있는 상태다.

도쿄가 가장 살기 비싼 도시는 아니다

도쿄가 세계에서 가장 살기 비싼 도시는 아니지만, 가장 비싼 도시들 중 하나라는 평판을 세계적으로 얻고 있다. 그렇지만 세계 경제 포럼에 따르면, 도쿄는 더 이상 10위 안에도 들지 않는다. 사실 이 포럼에 따르면, 2022년 기준으로 도쿄는 스물네 계단 내려와 현재 스물네 번째로 살기 비싼 도시가 되었다.

아이보다 반려동물을 키우는 일본인들이 더 많다

많은 사람이 아이를 키우기보다는 반려동물 기르기를 선택한다지만, 일본에서는 동물류에 대한 극명한 선호가 통계 수치로 드러난다. 2012년에 작성된 여러 보고서에 등록된 반려동물 2,100만 마리가 15세 이하 아이 1,650만 명에 비견되었다지만, 이런 현상이 부정적인 영향을 미치는 것은 사실이다. 일본에는 시민 세 명마다 한 명꼴로 어린아이가 있다는 의미이기 때문이다. 이런 경향이 지속된다면 일본은 노동 인구의 40퍼센트를 잃을 위험을 감수해야 할 것이다.

검은 고양이는 불운의 상징이 아니다

대부분 지역에서 미신을 믿는 사람이 길에서 지나가는 검은 고양이를 본다면 아마도 그들은 방안에 틀어박혀 있고 싶어 할 것이다. 여러분이 가던 길을 가로지르는 검은 고양이는 불운의 징후로 생각되기 때문이다. 하지만 일본에서는 그렇지 않다. 일본 사람들은 검은 고양이를 행운의 상징으로 여긴다.

4와 9는 불길한 숫자다

이 문화적 미신의 원인은 숫자 4가 일본어로 '죽음'을 뜻하는 글자와 발음이 비슷하며, 한편 숫자 9는 '괴로움', '고통' 혹은 '고문'을 뜻하는 글자와 발음이 비슷하기 때문이다. 이러한 숫자에 대한 미신이 너무 심한 나머지 일본인들은 고층 빌딩에서 4층과 9층을 통과하는 것을 극도로 꺼린다. 선물을 줄 때도 절대 이 숫자들에 수량을 맞춰 주면 안 된다. 다른 불길한 숫자들로는 '치어버리다(to run over)'와 발음이 비슷한 49, 그리고 '두 죽음(two deaths)'과 발음이 비슷한 24가 있다.

국수는 후루룩 소리 내서 먹어야 한다

만약 여러분이 다른 사람이 먹을 때 내는 소리를 듣기 싫어

한다면 이 사실은 여러분에게 그리 반가운 소식은 아닐 것이다. 일본에서는 소리 내서 국수를 먹어도 무례하다고 여기지 않는다. 실은 예의 바르다고 여긴다. 후루룩 요란하게 소리를 낸다는 것은 여러분이 음식을 즐기고 있으며 그 음식의 가치를 인정한다는 뜻이 된다.

저녁 파티 선물로 과일을 가져가는 게 좋다

전 세계 수많은 지역에서 누군가의 집으로 저녁 식사 혹은 파티에 초대받으면 몇 가지 알코올음료를 가져가는 것이 안전한 선택인 듯하다. 하지만 일본에서는 그렇다고 말할 수 없다. 만약 일본에서 자신을 초대한 사람에게 무엇을 사다줄지 고민된다면 과일이 안전한 선택이다. 일본에서 과일값은 천문학적으로 높을 수 있는데, 바로 이것이 '과일 선물 가게'가 존재하는 이유다. 이 가게에서 어떤 과일은 3,700만 원에 달할 정도로 비쌀 수 있다.

일본의 기대수명은 길다

일본은 평균 85세로 모나코 뒤를 이어 세계에서 두 번째로 긴 기대수명을 갖고 있다. 2017년에 일본에는 90세를 초과한 사람들이 200만 명이 넘었다. 긴 수명 뒤에 숨어 있는 주요 요인은 높은 해산물 섭취라고 여겨진다. 해산물은 오메가3 지방산으로 이루어져 있으며 암 발병 위험을 낮추는 효과를 가져온다. 암은 종종 붉은 고기 섭취 소비량과 관련 있다. 또 다른 장수 비결은 일본 정부가 절차의 90퍼센트를 보장하는 일본 건강 관리 시스템이다. 이 시스템은 세계에서 가장 이용 가능성이 좋은 제도 중 하나이다.

일본에서는 자판기로 뭐든지 판다

누구나 간식거리로 자판기에서 초콜릿 바를 뽑아 먹는 것을 좋아하는데, 일본은 스낵 자판기를 완전히 새로운 수준으로 올려놓았다. 실제로 일본에는 자판기가 일인당 스물세 개꼴로 있는 것으로 추정된다. 일본에 사는 사람이 1억 2,544만 명임을 고려한다면 이 비율은 대단히 높은 셈이다. 자판기 개수만이 아니라, 그 안에 들어 있는 품목도 여러분을 놀라게 할지 모르겠다. 일본 자판기는 자동차부터 양상추까지, 속옷부터 뜨거운 라멘에다 심지어 달걀까지 무엇이든 판다.

직장에서 잘 수도 있다

여러분은 출근 전날 밤늦게 잠이 들거나, 너무 늦도록 술집에서 깨어 있거나, 내 변명이지만 넷플릭스 새 시리즈에 너무 꽂혀서 다음날 회사에서 기절하고만 싶었던 적이 있는가? 잘릴까봐 분명 그렇게 행동하지는 않을 것이다. 하지만 일본에서는 근무 중에 조는 것이 허용될 뿐만 아니라, 실제로 명칭까지 존재한다. 이네무리(居眠り), 근무 시간 중 조는 말뚝잠은 일본식 관례다. 근무 중에 낮잠을 자는 것이 실제로 헌신과 근면의 표시로 인식된다.

수중 우편함이 존재한다

우편함 확인은 귀찮은 일일 수 있으며 거의 하찮은 일처럼 느껴질 수도 있다. 그렇지만 우편함이 집 밖이나 골목 끝에 있는 것이 아니라 10미터 물속에 있다고 하면 믿을 텐가? 와카야마현, 스사미정에는 다이버들이 방수 메시지를 남겨놓는 수중 우편함이 존재한다. 그런 우편함에 우편물이 그리 많지 않다고 생각하는 것도 무리는 아닐 것이다. 하지만 붐비는 날에 이 우편함에는 최대 200건의 우편이 수신되기도 한다.

대세는 일본 게임쇼다

예능 게임쇼 하면 여러분은 아마 미국 유명 퀴즈쇼 〈운명의 수레바퀴〉나 영국 최대 퀴즈쇼 〈누가 백만장자가 되고 싶은가?〉를 떠올릴 것이다. 그런데 마침내 일본이 게임쇼를 그 정도로 재미있게 만들어낸 것이다. 라텍스 전신복을 입은 한 무리 남자들이 무진장 미끄러운 계단 여러 개를 끝까지 올라가는 장면을 보는 것은 어떤가? 아니면 참가자들이 여러 대상을 한 입 베어 먹어보고 어떤 것이 진짜이고 어떤 것이 가짜인지 맞혀야 하는 쇼는 어떤가?

오스트레일리아

Australia

오스트레일리아는 유일한 '대륙 국가'가 아니다

본질적으로 이 말은 오스트레일리아가 대륙일 뿐만 아니라
독립 국가라는 뜻이다. 게다가 전 세계에서 사람이 사는 가
장 작고 평평하며 건조한 대륙이다.

어떤 코미디언이 뉴질랜드를 팔려고 시도했다

2006년에 이삭 버터필드라는 이름의 한 오스트레일리아 코
미디언이 뉴질랜드 국가를 미국의 경매사이트 이베이(eBay)
에 팔려고 내놓았다는 사실을 알고 있었는가? 그는 경매 시
작 가격으로 0.01 오스트레일리아달러를 제시했는데, 이베이
측에서 이 경매를 닫기 전까지 입찰가는 3,000 오스트레일리
아달러, 약 261만 원에 달했다. 이 경매는 누가 보아도 이베
이 정책에 어긋나는 것이었다.

오스트레일리아달러는 아주 특별하다

오스트레일리아 화폐에 대해 언급하자면, 오스트레일리아 달러는 세계에서 가장 품질이 좋은 화폐 중 하나로 여겨진다. 방수가 될 뿐만 아니라 폴리머 재질로 되어 있어서 위조하기 어렵기로 유명하다.

오스트레일리아에는 해변이 상당히 많다

누군가에게는 오스트레일리아 해변에 모두 가보는 것이 생각만 해도 꿈만 같은 일인데, 그렇게 하려면 상당히 많은 시간을 투자해야만 할 것이다. 오스트레일리아에는 1만 685개의 해변이 있는데, 이 정도면 모든 해변을 다 가보기 위해서는 29년 동안 하루에 한 군데씩 매달, 매주 돌아야 할 것이다.

오스트레일리아인은 맥주를 상당히 많이 마신다

알다시피, 영국인은 헤아릴 수 없을 정도로 많은 양의 차를 마시며 미국인은 피자를 아주 많이 먹는다. 그렇다면 오스트레일리아인은 어떨까? 밝혀진 사실에 따르면, 오스트레일리아는 매년 17억 리터의 맥주를 소비한다. 이 정도면 대충 성인 한 사람당 맥주 680병과 같은 양이다.

오스트레일리아는 범죄와 싸우는 완벽한 방법을 알고 있다

2013년에 빅토리아주, 녹스시 의회는 배회하는 십대 청소년들을 저지하기 위해 모든 쇼핑센터에 바흐와 베토벤 음악을 시끄럽게 틀어놓기로 결정했다.

독사 천지다

수많은 사람이 이 야생동물 때문에 오스트레일리아 가기를 두려워한다. 지금 알려줄 사실은 그 두려움을 좀처럼 누그러뜨려주지 않을 것이다. 세계에서 가장 치명적인 독을 지닌 뱀 25종 가운데 21종이 호주에 서식하고 있다.

거미도 수두룩하다

아마 별로 알고 싶지는 않겠지만, 오스트레일리아에는 1,500종이 넘는 거미들이 독사 다음으로 살아 있는 끔찍한 대상이 되고자 기꺼이 여러분을 기다리고 있다.

캥거루는 사람보다 수적으로 우세하다

아마 여러분은 이미 캥거루가 오스트레일리아 상징 동물임을 알고 있을 것이다. 실제로 오스트레일리아에는 3,400만 마리가 넘는 캥거루가 존재한다. 너무 많은 나머지, 인구수 겨우 2,567만 명을 기점으로 캥거루는 인간보다 수적으로 상당히 앞선다.

캥거루는 뒷걸음질칠 수 없다

캥거루의 후진 불능은 전진하는 국가를 상징하는 데 활용된다.

오스트레일리아는 적절한 수준의 최저임금을 보장한다

2022년 7월 1일 이후부터 오스트레일리아의 최저임금은 21.38오스트레일리아달러(약 1만 8,600원)였다. 비교하자면, 미국의 조지아주 최저임금은 5.15달러(약 6,870원)이고 영국의 최저임금은 10.42파운드(약 1만 7,550원)이다.

오스트레일리아에는 형편없는 산이 하나 있다

오스트레일리아에는 실망을 의미하는 영어단어에서 이름을 따온 디서포인트먼트라 불리는 산이 있다. 이 산에서 바라본 전경은 너무나도 실망스럽기 때문에 이보다 더 적합한 이름이 없었던 것이다.

시드니 오페라 하우스는 구 형태다

시드니 오페라 하우스는 전 세계적으로 건축학적으로 경이로운 건물로 유명하다. 그런데 만약 여러분이 돛 모양 지붕들을 펴서 결합시킨다면 이 지붕들은 완벽한 구 모양을 형성할 것이다. 이 천재적인 디자인은 한 건축가가 조각 오렌지를 먹다가 영감을 받아 나온 것이었다.

우리가 오스트레일리아에 서식하는 모든 생물종들을 다 아는 것은 아니다

오스트레일리아는 뱀과 거미와 같이 우리에겐 악몽처럼 끔찍한 것들의 서식지다. 더 이상 다른 예를 들어야 할 필요가 있을까? 설상가상으로, 오스트레일리아에는 너무나 많은 다양한 생물종들이 존재하므로 그중 25퍼센트만이 인간에게 알려져 있다. 그렇다면 아직 발견되지 않은 75퍼센트가 남아 있는 셈이다.

인류 역사상 가장 이상한 전쟁

긴 세월 동안 수많은 분쟁과 전쟁이 있었지만, 이와 같은 전쟁은 없었다. 여러분에게 소개할 전쟁은 1932년에 일어난 에뮤 대전쟁이다. 이 시기에 오스트레일리아는 대공황으로 인해 날지 못하는 새, 에뮤와의 전쟁을 선  포했다. 예기치 않게도 에뮤를 상대로 벌인 전면전에서 오스트레일리아는 사실상 지고 말았다.

오스트레일리아 정부가 제1차 세계대전 이후 퇴역 군인들을 돕기 위해 병사 정착 프로그램을 착수하려고 시도하던 때에 이 전쟁이 발발했다. 정부는 5,000명의 퇴역 군인들에게 밀 경작을 위한 용도로 넓은 면적의 농경지를 제공했으며 이 정책은 군인들에게 다시 활기를 불어넣었다. 다만 농경지가 오스트레일리아 서부에 있었는데, 에뮤 구역으로 알려진 이 지역은 오스트레일리아에서 가장 외지고 사람이 살기 어려운 곳들 중 하나였다. 농지가 제공된 지 거우 7년 만에 에뮤가 그 농지를 죄다 파괴하기 시작했다. 이내 정부가 이 날지 못하는 새를 보호종에서 해로운 생물종으로 재분류했고, 이로써 전쟁이 시작되었다.

2만 마리가 넘는 에뮤가 농경지를 파괴하고 군인들이 키운 농작물을 먹어치운 것으로 확인되었다. 에뮤 대전쟁의 첫 번째 전투에서는 1만 발의 탄환과 기관총으로 무장한 군인들이 퍼스에서 대놓고 공격을 개시했는데 지고 말았다. 에뮤가 너무 빠르고도 거칠어 죽일 수 없었다고 전해진다. 사실, 거의 모든 에뮤가 달아나버렸다. 전쟁이 시작된 지 며칠 뒤에도 더 많은 에뮤가 떼를 지어 돌아오는 모습이 목격되었는데, 에뮤 특유의 '전술'을 보유한 것 같기도 했다. 1932년 12월 10일, 군대는 에뮤 대전쟁을 중단하라는 요청을 받았다. 전쟁을 중단하는 대신, 정부는 농부들에게 무상으로 탄환을 제공하고 포상금을 주어 시간을 두고 에뮤를 직접 죽이도록 농부를 장려하는 방법을 택했다.

진짜 궁금한 점은 이것이다. 어떻게 인간이 새를 상대로 한 전쟁에서 진 것일까? 에뮤에 대해서는 나중에 동물 챕터에서 더 깊게 살펴보며 에뮤가 어떻게 이긴 것인지 정확히 알려주겠다.

아프리카

Africa

아프리카는 세계에서 두 번째로 큰 대륙이다

아프리카는 너무 넓어서 1,500개에서 2,000개 사이의 공식 언어가 있으며, 각각의 언어에는 다양한 방언들이 수반된다. 아프리카에서 가장 널리 통용되는 상위 네 가지 언어는 아랍어, 영어, 스와힐리어, 그리고 프랑스어다.

아프리카는 네 개 반구에 걸쳐 위치한다

아프리카 대륙의 실제 크기를 가늠하기는 어렵다. 이 대륙이 거의 3,022만 제곱킬로미터를 차지하기 때문이다. 결과적으로, 네 개의 모든 반구에 펼쳐져 있는 유일한 대륙인 셈이다. 이 대륙 가운데 광대한 대부분의 지역은 동반구에서, 일부 작은 지역은 서반구에서 찾아볼 수 있다. 대륙의 3분의 2 정도는 북반구에 위치하며 3분의 1은 남반구에 놓여 있다.

최초의 심장 이식은 아프리카에서 행해졌다

아프리카는 세계 최초로 인간 대 인간 심장 이식 수술을 집도했던 의사의 고향이다. 크리스티안 네틀링 바너드는 남아프리카공화국 출신 외과 의사로서 1967년 12월 3일 이 수술을 완수했다.

세계에서 가장 오래된 대학은 아프리카에 있다

옥스퍼드대학교가 아즈텍 제국보다 먼저 지어졌다는 사실은 앞에서 이미 언급했다. 그런데 옥스퍼드대학교가 세계에서 가장 오래된 대학은 아니다. 그 영광은 알 카라윈 대학교(University of Karueein)에 돌아간다. 이 학교는 지구상에 현존하며 계속 운영되고 있는 가장 오래된 교육 기관이다. 이 대학은 기원후 859년에 파티마 알-피흐리가 모로코, 페스에 설립했다.

아프리카는 예전에 다른 명칭으로 불렸다

우리는 이 거대한 대륙을 아프리카라고 알고 있지만, 아프리카가 항상 이 대륙을 칭하는 이름은 아니었다. 전문가들은 아프리카의 고대 원 명칭은 '알케불란(Alkebulan)'이었다고 주장해왔다. 이 명칭을 해석하면 '인류의 어머니'다. 하지만 몇 몇 자료에서는 이 명칭이 '에덴의 정원'으로 해석된다고 한다. '알케불란'이라는 단어는 지극히 오래된 말로서 토착어에서 유래한다.

CHAPTER 5:

인체

여러분은 자신이 그리 특별한 존재가
아니라고 생각할지도 모르겠다.
하지만 나는 개인적으로
이제껏 존재했던 생명체들 가운데
인간이야말로 가장 매력적인
생명체일지도 모른다고 주장하겠다.
이제 여러분을 이상한 나라의
토끼굴 속으로 데려가려는 참이다……
여러분의 몸속으로.

잘 알려진 사실들

General facts

우리는 정말 살아 있는 것이 아닐지도 모른다

어쨌든 이 사실에 대해 너무 심각하게 생각하지 말자. 다만 알아야 할 것은 인체는 수소, 탄소, 질소, 그리고 산소와 같은 원자로 이루어져 있다는 사실. 그런데 원자는 따지고 보면 살아 있는 생명체는 아니다. 이 말의 뜻은 다음과 같다. 만약 우리가 우리 몸에서 한 번에 한 개씩 원자를 떼어낸다면, 우리는 한 번도 살아 있었던 적이 없는 일정량의 원자 먼지에 도달할 것이다. 그렇지만 이 모든 먼지는 한때 여러분 자신이었던 적이 있었다.

우리는 실제로 아무것도 만지지 못한다

여러분, 나, 의자, 이 책을 포함한 모든 것은 원자로 이루어져 있다. 원자는 전자를 포함하며 이 전자들은 서로를 밀어낸다. 우리가 '만지다'라고 일컫는 행위는 실제로는 '전자쌍 반발'이라고 알려진, 원자 사이 전자기력을 뇌가 해석하는 과정인 셈이다. 전자들은 음 전하를 띠고 있다. 그래서 전하들이 너무 가까워지면 서로 멀리 밀어낸다. 그러니까 여러분이 의자에 앉더라도 실제로는 의자에 앉아 있는 것이 아니라는 뜻이다. 훨씬 더 충격적인 사실은 물리학적 원칙상 두 입자가 실제로 서로 닿게 되면 핵반응을 일으킨다는 점이다.

여러분은 예전 여러분과 동일한 사람이 아니다

피부는 28일마다 저절로 재생된다는 사실을 알고 있었는가? 평균적인 사람은 매년 4킬로그램의 피부를 떨어뜨린다. 구체적으로 말하자면, 나는 지금 피부의 여러 층 가운데 얇은 바깥층에 대해 말하는 중이다. 표피라고 알려진 이 피부층은 죽은 피부 세포로 채워져 있다.

혈액

Blood

여러분의 일부는 황금이다

사람 혈액에는 철, 크롬, 망간, 아연, 납, 그리고 구리와 같은 금속성 원자들이 포함되어 있다. 여러분 혈액 속에 금도 포함되어 있다는 사실을 알면 깜짝 놀랄지도 모르겠다. 인정한다. 혈액 속 금 덕택에 여러분이 제2의 빌 게이츠가 되지는 않을 것이다. 단, 여러분 몸속에 그 물질이 0.2밀리그램 정도가 들어 있긴 들어 있다.

혈액형 분포는 나라에 따라 다르다

장담하건대, 인생 어느 시점에 혈액형에 대해 궁금했던 적이 있을 것이다. 사실 혈액형 분포는 모집단에 따라 어느 정도는 다르다. 미국에서 가장 흔한 혈액형은 O(+)형이고 가장 희귀한 혈액형은 AB(-)형이다. 일본에서 가장 흔한 혈액형은 A(+)이다. 영국 국립보건원에 따르면 가장 흔한 혈액형은 O형인데, 영국 인구의 거의 반 정도가(48퍼센트) 이 혈액형에 들기 때문이다.

혈액은 무겁다

평균적인 성인 몸에는 대략 4.5~5.7리터 혈액이 들어 있다
는 사실을 알고 있었는가? 혈액은 한 사람 총 몸무게의 10%
를 차지한다.

혈관은 매우 길다

어린아이 몸에는 약 9만 6,600킬로미터 길이의 혈관이 들어
있다. 이 정도면 지구를 두 바퀴 이상 돌거나 달까지 가는 거
리의 4분의 1에 달할 만큼 긴 길이다. 어른의 경우, 모든 혈
관을 일렬로 이어놓으면 대략 16만 1,000킬로미터로 길게
펼쳐질 것이다.

사람 혈액이 붉은 이유가 있다

혈액 색상을 결정하는 요인은 무엇일까? 혈액 색은 사실상
호흡색소에 달려 있다. 호흡색소는 순환계를 통해 세포에 산
소를 수송할 때 이용된다. 사람의 호흡색소는 헤모글로빈으
로 알려진 단백질로서 적혈구 안에서 발견된다.

당신의 몸

Your body

여러분은 실로 상당한 가치를 지닌다

수많은 사람이 본인이 할 수 있는 한 많은 돈을 버는 데 집착한다. 그렇지만 나는 여러분이 수십억 원을 벌 수 있는 가장 간단한 방법과 가장 어려운 방법을 알고 있

다(어떤 것을 고를지는 여러분에게 맡기겠다). 사람 몸의 모든 부분은 거액의 가치를 지니고 있다. 사실 모든 기관, 뼈, 인대 등등을 포함한 전신은 606억 1,600만 원 상당의 총계로 팔릴 수도 있을 것이다. 인정한다, 본인 신체 일부를 파는 행위가 개인 간에 흔히 이루어지는지 아닌지는 모르겠지만, 암시상

과 다크 웹과 같이 인간의 신체 일부가 팔린 적 있는 곳들은
존재한다.

우리는 똥구멍에서 발생되었다

인간 배아 세포가 발생을 시작할 때, 제일 먼저 항문이 발생
한다는 사실을 알고 깜짝 놀랄지도 모르겠다. 조금 더 설명
을 해보자면, 인간은 '후구동물'이라 불리는 동물군의 하위
분류에 속한다. 배아가 발생을 시작할 때, 이 후구동물은 '원
구'라 알려진 입을 형성한다. 하지만 이 '입'은 궁극적으로는
항문이 된다. 이 사실은 도저히 좋게 포장할 방법이 없다.

배꼽은 매우 더럽다

자라면서 우리는 치아와 귀를 깨끗이 닦고 손을 씻으라고 배
웠다. 하지만 배꼽을 깨끗이 닦으라는 말을 언제 들어본 적
있는가? 어쨌든 들어보았길 바라며, 이제 그 이유를 말해주
겠다. 일반적인 배꼽은 각종 세균으로 가득 차 있다. 자세히
말하자면, 여러분의 안 씻은 배꼽 속에는 평균적으로 67개
의 다양한 세균 종들이 서식하며 번식하고 있다.

여러분은 어둠 속에서 빛난다

생물발광은 생물체가 일정 수준의 빛을 발하는 자연적인 현상인데, 그런 생물체 목록에 실제로 인간이 들어간다. 인간 몸 안에 화학적 에너지는 빛 에너지로 전환되는데, 연구 결과에 따르면 여러분은 저녁 4시경에 '가장 밝게' 빛나는 중이다. 이러한 빛을 맨눈으로 확인할 수 없는 단 하나의 이유는 발광이 우리가 눈으로 확인할 수 있는 빛보다 천 배 약하기 때문이다.

여러분 위도 긴장한다

여러분이 긴장하거나 당황하면 혈액이 얼굴 피부로 몰려들어 홍조를 띠게 하는 것은 자연스러운 반응이다. 하지만 이런 현상이 얼굴에서만 일어나는 것은 아니다. 여러분이 피부 표면에 홍조를 띠고 있을 때에는 이와 동시에 여러분의 위 내벽 역시 홍조를 띠고 있다.

코에 대해서 모르는 게 많다

코는 얼마나 많은 향을 감지할 수 있을까? 시험 삼아 대충이라도 답을 내보자. 어쨌든, 만약 1조 개쯤으로 추측하지 않았다면 틀린 것이다. 〈사이언스〉지에 발표된 2004년도 한 연구가 밝혀낸 바에 따르면, 인간에게는 1조 개의 각각 다른 냄새를 감지하는 능력이 있다. 다만, 동일한 연구에서 이 냄새 개수는 훨씬 더

많아질 수 있으므로 더 많은 연구가 수행될 필요가 있음이 시사되었다.

우리는 여섯 번째 감각을 지니고 있을지도 모른다

우리는 인간이 시각, 청각, 미각, 후각, 그리고 촉각이라는 오감을 갖고 있다고 들어왔다. 하지만 인간에게는 고유 수용성 감각과 같은 또 다른 감각이 있다는 사실 또한 언급되어왔다. 이 감각은 공간에서 우리 신체가 위치하는 곳을 감지하는 능력이다.

여러분이 뱀보다 껍질을 더 많이 벗는다

인간은 생각했던 것보다 훨씬 더 많이 각질을 떨어뜨린다.

사실 우리는 매시간 대략 60만 개의 피부 부스러기들을 떨어뜨린다. 그렇게 일 년 동안 0.7킬로그램의 피부 부스러기를 떨어뜨린다면, 70세가 되면 평생 49킬로그램의 각질을 흘린 셈이 된다.

눈꺼풀이 생기기 전에 눈이 생겼다

태아의 발생 과정 중 7주차에는 각막, 동공, 홍채, 망막, 그리고 수정체를 포함하는 눈의 주요 부분들이 발생하기 시작한다. 하지만 태아에게 눈꺼풀이 생기는 시기는 바로 10주가 되는 때다. 이 사실은 발생 중인 태아에겐 최소한 일주일 동안은 멀뚱멀뚱 눈만 뜬 채 아무것도 보지 않고 지내는 시기가 있음을 의미한다.

CHAPTER 6:

역사

다들 학창 시절 역사 과목은
기억하는 법인데,
이번 장이 그런 수업의
연장선일 뿐이라고 여기기에 앞서,
다시 생각하길 바란다.
여기에서는 역사책에서는
거의 한 번도 나온 적이 없는,
역사를 통틀어 가장 비상식적인
사실과 사건들을 소개한다.

짤 알려진 사실들

General facts

미국 국기를 디자인한 사람이 누구인지 알면 믿기지 않을 것이다

현재의 미국 국기는 1958년에 학교 과제의 일환으로 어떤 열일곱 살 학생이 디자인한 것이다.

논란의 여지가 많은 노벨 평화상 후보 추천이 몇 번 있었다

히틀러, 무솔리니, 그리고 스탈린은 모두 노벨 평화상 후보로 지명되었다.

로마 교황은 한때 고양이와의 전쟁을 선포했다

그렇다, 나는 애견인이지만, 1233년에서 1234년 사이 고양이와의 전쟁을 선포했던 가톨릭교회 수장인 교황 그레고리까지 언급하게 될 줄은 몰랐다. 그는 '검은 고양이는 사탄의 앞잡이'라고 천명했고, 유럽 전역에서 검은 고양이를 몰살시킬 것을 명령했다. 뿌린 대로 거둔다는 그 유명한 말처럼, 고양이 개체 수의 급격한 감소로 인해 전염병을 옮기고 다니는 쥐들 수가 급증했다. 그리고 그 전염병이 야기한 황폐화는 고양이와의 전쟁이 시작되지 않았다면 진행되었을 황폐화 정도보다 더 심각했다.

몇몇 뜻밖의 인물들이 동시대에 살았다

납득하기 어려울 것은 알지만, 피카소는 에미넴과 찰스 다윈과 같은 시기에 살아 있었다. 잠깐 이 사실에 대해 깊이 생각해보자. 내 말을 못 믿겠다면 연도를 알려주겠다. 다윈은 1809년부터 1882년까지 살았고, 피카소는 1881년부터 1973년까지 살았으며, 에미넴은 1972년에 태어나 오늘날 여전히 살아 있다.

생애가 겹치는 뜻밖의 인물들이 두 명 더 있다

완전히 다른 두 시대를 살았다고 여겨졌을지 모를 인물들은 그들뿐만이 아니다. 셰익스피어와 포카혼타스 역시 같은 시기에 살아 있었다.

응급처치 키트에 거미줄이 들어 있을 뻔했다

거미줄은 고대에 붕대로 사용되었다. 구체적으로 말하자면,

고대 그리스 로마 시대에
의사들은 거미줄을 사용
하여 환자들에게 붕대를
만들어주었다. 거미줄에
는 천연 소독제와 항균 성

분이 함유되어 있어 향후 그 어떤 감염도 예방해준다고 여겨
졌다.

응급처치 키트에 곰팡이 핀 빵도 들어 있을 뻔했다

거미줄에서 끝난 것이 아니다. 고대 이집트 시대로 거슬러
올라가면, 곰팡이 핀 빵이 실제로 부상을 치료하는 데 이용
되었다. 빵 곰팡이 속 세균이 항생물질 역할을 하여 상처나
부상을 아물게 할 것이라고 믿어졌다.

여러분은 매일같이 공룡의 소변을 마시는 셈이다

일반적인 영국인들은 하루에 서너 잔의 물을 마신다. 많은 듯
보여도 인간이 지구의 물 대부분을 써버렸을 만큼 이 행성에
오랫동안 존재해오지 않았다. 반면, 공룡은 1억 8,600만 년
동안 이 행성을 활보했다. 이 정도 기간이면 공룡들에게 지

구의 물을 소비하기 위한 넉넉한 시간이 주어졌던 셈이다. 사실, 여러분이 가게에서 물을 살 때마다 혹은 수도꼭지에서 나오는 물을 본인에게 끼얹었을 때마다, 그 물이 과거 언젠가 어떤 공룡의 몸을 통과했음은 거의 틀림없는 사실로 추정된다. 그렇다, 맞는 말이다. 우리가 살아남기 위해 꼭 필요한 물질은 물, 곧 공룡의 소변이다.

차를 우려내기 위해 고안된 탱크

영국인으로서 나는 싸늘한 저녁에 따듯한 차 한 잔만큼 좋은 것은 없다는 데 공감한다. 하지만 내가 이 정도까지 공감했을 것 같지는 않다. 제2차 세계대전 동안 영국 군인들은 전투 중에 배가 고파져서 전투를 중단한 채로 티 타임을 가졌다. 그래서 1945년부터는 탱크가 차를 우려내는 설비로서의 기능을 겸했다.

영국 본토에서 크리스마스 행사가 금지되었다

일 년 중 두 번 우리 모두가 들뜨게 되는 때는 언제일까? 당연히 여름휴가와 크리스마스 휴일이다. 하지만 언젠가 영국 본토에서 둘 중 하나가 중단된 적이 있었다고 하면 믿을 텐가? 그렇다, 1644년에서 1660년 사이에 호국경 올리버 크롬웰이 실제로 그 어떤 크리스마스 기념행사도 금지했던 것이다. 그는 아주 엄격한 기독교도였는데 춤, 노래, 그리고 심지어는 화장과 같은 즐거움을 주는 행위들이 신을 노엽게 만든다고 믿었다. 영국 사람들은 이 결정을 전혀 달가워하지 않았기에 폭동이 일어났다. 반면, 스코틀랜드에서는 개의치 않았고 1958년이 되어서야 크리스마스가 공휴일이 되었다.

어떤 황제는 대양과의 전쟁을 선포했다

전쟁과 분쟁이 일반적으로 즐거운 화제는 아니지만, 이번 건은 하나의 예외적인 경우가 될지도 모르겠다. 로마 시대에 칼리굴라 황제가 재위했을 당시, 그는 바다와의 전쟁을 선포했다. 실제 대양이 맞다. 좀 더 구체적으로 말하자면 바다의 신 포세이돈 말이다. 황제는 해변에 병사들과 대포를 일렬로 세워놓고 그들에게 '파도를 격파' 하고 외치게 하고는 검과 창으로 바다를 찔러 죽이라고 명령했다. 물론, 이 영락없는 승리 후에 황제는 빈손으로 돌아갈 수가 없어서 병사들에게 해변에서 '전리품'으로 조개껍데기를 주워오라고 명령했다.

인도는 세계의 불가사의를 감추었다

우리는 이 아름답고 매력적인 행성에서 수많은 경이로운 곳들을 가보는 꿈을 꾸지만, 제2차 세계대전 동안 이 경이로운 경관들 중 하나가 한 기발한 작전 덕분에 완전히 눈으로 알아보지 못하게 되었다. 타지마할은 명백한 이유에서 당연히 세계 7대 불가사의 중 한 자리를 차지하고 있다. 하지만 제2차 세계대전 동안 폭격이 잦았던 시기에, 인도는 이 건축물을 폭격으로부터 안전하게 보존하고자 했다. 인도는 타지마할이 랜드마크인 만큼 폭격의 목표물이 될 것임을 알았기 때문이다. 그래서 73미터 높이의 이 건축물을 감추기 위해

타지마할을 대나무로 덮었다. 공중에서 타지마할은 그저 대나무 더미로 보였다. 이 작전은 실제로 통했다. 대나무 아래 실제 무엇이 숨겨져 있는지 파악한 적의 폭격기는 한 대도 없었다.

고대 그리스인은 정치인들을 처벌했다

섣부른 정치적 결정이 요즘에 일어나는 일만은 아니다. 고대 그리스에서는 정치인이 형편없을 경우에 대한 의미심장한 처벌이 존재했다. 고대 그리스인들은 만약 그들이 보기에 적절하면 정치인을 아테네에서 최대 십 년 동안 추방시키기 위해 투표할 수도 있었다. 이런 처벌은 '부패한' 정치인들이 서서히 의회를 점령하는 것을 미리 막기 위한 노력의 일환으로 행해졌다. 사람들이 이러한 사고방식을 오늘날 소환해야 한다고 생각하는지 궁금하다.

나폴레옹은 3,000마리 토끼에게 패배했다

'승리로 나를 평가하지 말고 패배로 나를 평가하라'는 유명한 인용구는 어떤 사람들에게는 매우 겸손한 말인데, 역사적인 군 지휘자 나폴레옹 보나파르트에게는 징말이지 민망한 말이다. 나폴레옹의 긴 업적 중에 가장 규모가 크고 잊히기 힘든 패배들 중 하나는 3,000마리의 아주 난폭한 토끼들에게 패배한 것이다. 1807년 7월, 러시아와 프랑스 사이 분쟁이 성공적으로 종결되고 난 후, 나폴레옹은 참모총장에게 토끼 사냥 준비를 요청했다. 3,000마리 토끼를 모았으니 나중에 그 토끼들을 풀어놓고 사냥하면 되었는데, 참모총장은 야생 토끼를 찾는 대신(솔직히 말해서 누가 그럴 시간이 있겠는가?) 집토끼를 구입하기로 했던 것이다. 설상가상  으로 나폴레옹은 우연히 토끼들에게 먹이를 먹이는 임무를 맡은 남자와 약간 비슷하게 생겼고, 토끼들은 먹이 없이 하루 종일 우리 안에 갇혀 있었던 터라 방출된 순간, 예상했던 대로 멀리 도망치는 게 아니라 나폴레옹을 향해 돌진했던 것이다. 다른 사람들이 나폴레옹을 돕기까지 시간이 지체되었는데, 나폴레옹이 실제 위험에 처한 것을 알아채고서야 그들이 개입했기 때문이다. 흠씬 얻어맞고 난 후에 나폴레옹은 토끼들의 털북숭이 마수에서 벗어나긴 했다.

제2차 세계대전은 위대한 사랑 이야기 배경이 되었다

수백 가지 기상천외한 사실들 다음에, 처음으로 건전한 사실을 여러분과 나누게 되어서 신이 난다. 제2차 세계대전 당시 두 동성애자 병사들 사이에 오간 수백 통의 연서가 책으로 만들어진 상태다. 이들 편지에는 실제로 이런 문장이 포함되어 있다. "우리가 쓴 모든 편지가 앞으로 더 깨인 시대에 출판될 수 있다면 아주 멋지지 않을까? 그러면 우리가 얼마나 사랑하고 있는지 전 세계가 알 수 있겠지." 군사 훈련 동안, 길버트 브래들리라는 이름의 한 병사는 연인과 수백 통편지를 주고받았는데, 그는 이니셜 'G'로 편지에 서명을 했다. 'G'가 고든의 약자라는 사실이 밝혀진 것은 70년 이상 지난 후였다.

곰 한 마리 때문에 제3차 세계대전이 일어날 뻔했다

우리 모두는 제3차 세계대전이 절대 실현되지 않기를 바란다. 하지만 흑곰 한 마리와 불량 스위치 때문에 전쟁이 현실화될 뻔했던 역사상 결정적인 순간이 있었다. 1962년 10월 25일, 덜루스 지역 지휘소에 한 보초병이 어떤 그림자 형체가 시설 방어선을 기어오르려고 시도하는 것을 목격했다. 그는 그 상황을 소비에트의 더 큰 공격의 일부로 단정하고서 형체를 향해 총을 쏘았고 부근의 모든 공군 기지에 경보를 울렸다. 하지만 이 정도 해프닝으로 끝나지 않았다. 인근 한 기지에서 누군가 잘못된 스위치를 누르는 바람에 일반적인 보안 경보를 보내는 대신, 응급 사이렌이 조종사들에게 핵무기로 완전 무장하고 재빨리 비행을 시작하라는 지시를 내렸던 것이다. 모두들 이 공습이 그 당시 진행 중이던 쿠바 미사일 위기 사건과 연결된다고 믿으며 신경을 곤두세우고 있었다. 하지만 다행스럽게도 마침내 기지 사령관이 상황 파악을 하고 조종사들이 시동을 걸기 시작했을 때 활주로 위로 트럭을 몰아 조종사들을 가로막았다. 제3차 세계대전은 시작 전에 끝이 났다.

한 남자가 타이타닉호 참사를 미리 막았을지도 모르겠다

타이타닉호의 비극적인 이야기는 우리 모두 알고 있지만, 만약 배에 탔더라면 참사를 막았을 수도 있는 인물이 있었다는 사실을 알고 있었는가? 데이비드 블레어는 타이타닉호의 이등항해사를 맡기로 되어 있었는데 출항 바로 직전에 다른 배에 재배정받게 되었다. 1912년 4월 9일, 데이비드 블레어는 허겁지겁 타이타닉호를 떠나는 와중에 뜻하지 않게 크로우스네스트(crow's nest, 마스트 끝에 설치된 망대) 전화기 열쇠를 가져갔고 망보기 전용 쌍안경을 자신의 선실이었을 뻔한 곳에 넣어두었다. 선원들이 항해 도중에 이 물건들을 찾지 못했다는 사실은 후에 미국의 질의에 응답하는 과정에서 언급되었다. 물론, 그 망보는 선원들이 쌍안경을 소지하고 있었더라면 타이타닉호의 운명은 달라졌을 것인가 여부를 우리는 절대 알지못할 것이다. 그래도 그 여부가 궁금하긴 궁금하다.

고대 이집트인들은 피임을 했다

이 사실은 많은 사람을 민망하게 만들 테지만 시작해보자.

이집트인들은 피임을 위한 아주 자세한 '조리법'을 알고 있었다. 이 조리법에는 악어 대변과 꿀, 이렇게 두 가지 재료가 수반되었다. 이 두 재료를 함께 섞으면 페서리 형태가 만들어진다. 페서리란 피임 기구로서 삽입될 수 있는 일종의 마개다.

사람들은 피임 기구로 중금속도 사용했다

해괴한 피임법은 거기서 그치지 않는다. 전 세계적으로 여러 고대 문명에서 피임 수단으로 중금속을 사용했다. 이 중금속에는 수은, 납, 비소가 포함되었다. 고대 이집트, 아시리아, 그리고 그리스 여성들은 액체 수은까지 마셨을 것이다. 설상가상으로 이 독성 물질은 폐와 신장 양쪽 모두와 관련된 질환뿐만 아니라 뇌 손상까지 유발할 수도 있었다. 그리고 혹시나 여러분이 궁금해하고 있을까봐 말하자면, 중금속은 피임에 효과가 없었다.

기원후 536년은 살아 있기에 최악의 해였다

이제까지 가장 지루한 날에 대해 말한 적이 있었지만, 여러분은 인류 역사상 최악의 해가 언제였는지 궁금한 적이 있는가? 생각 같아서는 흑사병 아니면 대공황, 세계대전 중 하나, 혹은 훨씬 더 최근인 2020년이라고 속단할지도 모르겠다. 그렇지만 그 대답들은 다 틀렸다. 인류 역사상 최악의 해는 '암흑의 해'라고도 알려진 기원후 536년이었다. 일 년 반 동안 태양이 두터운 안개에 완전히 가려져 있었던 것이다. 이런 현상에 대한 설명 중 가장 널리 받아들여지는 것은 안개가 아이슬란드의 화산 분출로 유발되었다는 설명이다. 이렇게 해서 화산 겨울이자 인류 역사에서 가장 추운 10년이 도래했다. 이는 대흉작으로 이어졌고, 결과적으로 대기근이 유발되었다. 그 후 곧이어 선페스트가 유럽 전역을 돌기 시작했다. 이 점이 바로 역사학자들이 이 시기를 살아 있기에 최악의 해로 불렀던 이유다.

고대 시대에는 두통이라고 절대 불평하면 안 된다

현대에서 병원 갈 일을 예상하며 특별히 즐거워하는 사람은 없지만, 여러 고대 문명에서 의사와의 만남은 귀찮기보다는 고문에 더 가까운 일이었다. 여러분이 저지를 수 있는 최악의 행위 중 하나는 의사에게 두통에 시달린다고 말하는 것일 터였다. 당시 두통 치료법은 머리에 구멍을 뚫어서 악마를 쫓아내는 것이었다.

치과의사라 해서 나을 게 없었다

자신 있게 주장하건대, 고대 치과의사는 다른 의사보다 훨씬
더 형편없었다. 치아에 아무 문제가 없기를 바라는 편이 더
나았다. 아니었다면 '투쓰맨(tooth man)'을 만나야만 했을 것
이다. 투쓰맨은 평화롭게 검진하는 동안 환자를 진정시키기
위해서가 아니라 환자의 비명 소리가 들리지 않게 하려고 음
악가들을 데리고 다녔다.

예전에 엘리트층은 범죄를 저지르고 절대 회피하지 않았다

아즈텍 사회에서는 매우 흥미로운 일련의 원칙들이 있었는
데, 수많은 사람이 현대라면 지키기 어렵다고 주장할 수도
있는 그런 규칙들이었다. 사실, 귀족이 저지르는 범죄는 평
민이 저지르는 범죄보다 더 혹독하게 처벌되는 일이 아주 흔
했다. 왜냐하면 '엘리트층'이 범죄를 저지르면 확연히 더 높
은 기준이 적용되었을 것이며, 평민에 대한 본보기로서 더
올바르게 행동할 것으로 기대되었을 것이기 때문이다.

예전에는 술에 취해서 그리고 맑은 정신으로 두 번 결정을 내렸다

중요한 안건에 대한 논의에서 고대 페르시아인들은 유쾌한 발상을 해냈다. 처음에는 정신이 맑은 상태에서, 그다음은 술에 취한 상태에서 논의를 진행했던 것이다. 이러한 발상은 어떤 안건이 사회적으로 용인될 만하다고 여겨지려면 두 정신 상태에서 모두 괜찮게 들려야만 한다는 믿음에서 기인했다.

포악한 바이킹

Vicious Vikings

바이킹은 여러분이 상상하는 모습이 아니다

바이킹 족을 머릿속에 그려보
라고 한다면, 아마도 여러분은
뿔 달린 투구를 쓰고 무장한 거
구를 떠올릴 것이다. 어쨌든, 한
번쯤 본 적 있는 바이킹 족 코
스튬 의상이 역사학적으로 오
류가 있다고 하면 믿을 텐가?
바이킹은 뿔 달린 투구를 쓰지
않았다. 물론 출정할 때 머리에
쓰는 장비가 있긴 했는데, 철이
나 가죽으로 만들어진 단순한
형태 투구였을 것이다. 뿔은 거

추장스러웠을 테니 말이다. 바이킹에 대한 이런 독특한 묘사
의 시작은 1800년대 오페라로 거슬러 올라간다. 그 당시, 무

대의상 디자이너들이 바이킹 캐릭터를 위해 뿔 달린 투구를 창안했고, 그때부터 바이킹에 대한 정형화된 모습이 탄생한 것이다.

바이킹은 아픈 아이들을 버리고 떠났다

바이킹은 힘의 논리를 따랐다. 그래서 만약 아이가 장애나 병을 안고 태어나면 그런 아이들은 버려졌다. 아픈 아이는 부족에 기여할 능력이 없다고 여겼기 때문에 이런 끔찍한 생활 방식이 생겨난 것이다. 그리하여 그런 약한 아이들은 황야에 홀로 버려지거나 바닷속으로 던져졌다.

요일 이름은 바이킹 신들의 이름을 따서 붙여졌다

여러분은 영어로 요일을 왜 그렇게 부르게 되었는지 잠시 생각해본 적이 있는가? 밝혀진 바에 따르면, 서양식 요일 이름은 바이킹이 숭배하는 신들의 이름을 딴 것이다.

Monday(Manadagr). 오늘날 여전히 통용되는 노르웨이식 요일 이름은 달로 시작해서 태양으로 끝난다. 먼데이(Monday), 즉 월요일은 달에서 나온 이름이다. 북유럽 신화 속 달의 화신인 마니(Mani)의 이름을 딴 것이기 때문이다.

Tuesday(Tysdagr). 화요일은 북유럽 신 티르의 이름을 딴 것이다. 고대영어에서 티르(Tyr)가 티우(Tiw)로 변형되어, 앵글로색슨 족은 이 요일을 '티우스더에그(Tiwesdaeg)'라고 불렀고, 궁극적으로 현대영어의 철자 투스데이(Tuesday)가 되었다.

Wednesday(Odinsdagr). 수요일은 보단(Woden)의 날로 알려져 있는데, 보단은 고대영어에서 오딘(Odin)에 해당한다.

Thursday(Thorsdagr). 목요일은 토르(Thor)의 날이다. 토르는 북유럽 신화에서 번개의 신으로서 로마 신화의 주피터 격이다.

Friday(Frjardagr). 금요일이 어느 북유럽 신의 이름을 딴 것인가를 두고 수많은 학자들이 논의 중이다. 다만, 오딘의 아내 프리그(Frigg)의 이름을 따서 지었다는 것에 대체적으로 의견이 일치한다.

Saturday(Laugardagr). 토요일은 로마신화의 신 사투르누스 (Saturn)의 이름을 딴 것이다. 고대 노르웨이어로, dagr는 날 (day)을 뜻하고, Laugar는 뜨거운 물을 뜻한다. 그렇다면 고대 노르웨이어의 토요일은 의미가 통한다. 요일 이름들은 어느 정도 그리스도교에 영향을 받았기 때문이다. 일요일(Sunday) 은 안식일(Sabbath)이므로, 교회 가기 전날에 목욕을 하는 것이 일반적이었다.

Sunday(Sunnudagr). 일요일은 북유럽 신화 및 로마 신화 속 태양의 화신인 솔(Sol)의 이름을 땄다.

고대 로마인

Ancient Romans

로마인은 소변으로 옷을 빨았다

현대에는 옷을 세탁하는 우리에게 제품을 생산해주는 여러 다양한 회사들이 있다. 하지만 로마인들에게는 그야말로 '훨씬' 정곡을 찌르는 해결책이 있었다. 소변에서 발견되는 암모니아가 손에 묻은 때를 분해할 수도 있다고 확신했던 것이다. 암모니아는 강력한 표백제로 알려져 있다. 아무리 그래도 나는 집에서 이 방법을 시도하지는 않을 것이다.

로마인은 치아미백 치약을 소변으로 대신했을 것이다

소변의 활용법은 이것이 끝이 아니다. 로마인은 치아를 하얗게 만드는 데에도 소변을 썼다. 소변은 질소와 인을 함유하기 때문에 과일 재배를 돕는 데 사용되었는데, 눈에 띄게 효과가 좋았으며, 특별히 석류에 좋았다. 세탁과 비료 용도로 쓰일 뿐만 아니라 아픈 동물을 치유하는 데 쓰이기도 했다. 로마인들은 소변에 동물을 치료하는 힘이 있다고 믿었으며 동물들에게 억지로 사람 소변을 마시게 하곤 했다. 여러분은 현대에 이 모든 요구 사항에 걸맞은 더 나은 제품과 약이 있다는 사실에 감사해야 할 것이다.

로마의 화장실은 형편없었다

화장실 가는 일은 분주한 하루 중에 여러분이 경험하는 평화롭고 고요한 몇 안 되는 순간들 중 하나일지도 모른다. 하지만 여러분이 로마 사회에 살았다면 이 말은 사실과는 거리가 먼 거짓말이었을 것이다. 사실, 화장실에 들어가면 죽을지도 모른다는 매우 실질적인 위험이 존재했다. 로마의 하수 처리 시설에 사는 생물체들이 지나치게 많았던 것이다. 게다가 이 생명체들은 사람들이… 앉아 있는 동안 기어올라와서 사람을 물 수도 있었다. 하긴 그보다 더 심각한 문제는 메탄가스 증가였다. 이 문제는 종종 너무 심해져서 여러분들 밑에서 메탄가스가 점화되어 폭발할 수도 있었다. 내가 여러분에게 화장실에 대한 불필요한 공포를 심어주기나 한 것은 아닌지 모르겠다. 그런 이유로 사과하는 바이다.

로마 검투사들에게는 피부와 관련된 관습이 있었다

로마 검투사들은 피를 얻는 데에만 필요한 것이 아니었다. 여성들은 검투사의 죽은 피부 세포를 제 얼굴에 문질렀던 것으로 알려져 있다. 이 시기에는 비누가 사치품이어서 비누를 구하기가 꽤 힘들었다. 그래서 선수들은 제 몸에 기름을 바른 후 '스트리글'이라고 알려진 도구로 죽은 피부 세포를 벗겨내는 방식으로 씻었다. 오늘날에는 상식적으로, 죽은 피부 세포가 여러분에게서 떨어져 나오면 거기서 이야기는 끝난다. 하지만 여러분이 검투사였다면 그렇지 않았다. 긁어모은 여러분의 땀과 피부 부스러기는 병에 담기어 여성들에게 최음제로 팔렸다. 검투사의 죽은 피부 세포가 뭇 남성들 앞에서 그 여성들을 매력적으로 만들어줄 것이라는 기대 속에서 말이다.

검투사 피는 약으로 쓰였다

현재 빠른 속도로 의료 시스템이 확립되고 있지만, 과거 시대는 의료와 관련된 요구를 하기에 좋은 시절이 아니었다. 이제 우리는 이와 관련된 가장 기이한 사실들 중 하나를 살펴볼 것이다. 검투사의 피가 약으로 쓰였다는 사실이다. 이러한 폭로는 다수의 로마 시대 작가들에게서 나온 것으로서, 그들은 죽은 검투사들 피가 수집되어 약으로 팔렸다고 기록했다. 판매상들은 초창기 사업가였을까? 검투사 피에는 간질을 치료하는 능력이 있다고 믿었다. 그래서 수많은 사람이 그 피를 마시곤 했다. 다른 이들은 그들만큼 그리 '고상하지' 않았다. 피를 마시는 대신 검투사의 간을 뜯어내 생으로 먹곤 했다. 그렇다면 로마제국이 검투사 전투를 금지했을 당시 사람들은 그 피의 하루 복용량을 어떻게 구했을까? 밝혀진 바에 따르면, 그들은 목이 잘린 죄수들 피를 마시는 것으로 '치료'를 지속했다.

로마인들은 나라면 절대 사지 않을 에너지 음료를 마셨다

마부는 염소 똥으로 만든 에너지 음료를 마셨다. 그들은 염소 똥을 식초에 넣고 끓이거나, 빻아서 가루로 만든 후 다른 음료에 섞었다. 확실히 이 방법은 마부들이 지쳤을 때 약간 활기를 띠게 해주었다. 이 음료는 가난한 사람들을 위해 창안된 에너지 음료는 아니었다. 네로 황제야말로 염소 똥 에너지 음료의 효능을 대단히 즐겼다.

염소 똥은 약으로도 쓰였다

로마 시대로 돌아가서 여러분이 경미한 부상을 입었다면, 깁스를 찾으러 수납장으로 달려가기만 할 수는 없었다. 그렇다, 로마사람들에게는 다른 치료법들이 있었다. 그들은 상처에 염소 똥을 붙였다. 플리니우스(Pliny the Elder)에 따르면, 가장 효과가 좋은 염소 똥은 주로 봄철에 수집되었다.

부엉이는 불길한 징조였다

로마 시대에 부엉이는 오늘날 검은 고양이를 포함한 미신들과 좀 비슷하게 불길한 징조로 여겨졌다. 로마인들은 여러 다른 미신도 믿었다. 시클라멘꽃 향기는 대머리를 예방해주는 것으로 생각했고, 울리는 종소리는 분만의 고통을 경감시키며, 꿀벌을 보면 행운의 징표라고 여겼다.

로마 장군들은 군대가 전투에서 지면 힘든 시간을 보냈다

로마 장군이 된다는 것은 굉장한 영예이긴 해도 두려운 미래였다. 꼭 해야 할 말은 반드시 전투에서 이기는 편이 낫다는 것뿐이다. 싸움이 벌어지는 동안에 장군들은 군대 뒤에 안전하게 배치되었지만, 전투에서 지면 상황은 다시 장군 손에 넘어가게 되었다. 사실, 장군에게는 두 가지 선택권이 있었다. 군대와 함께 자결하거나 아니면 다음 군대에 합류하여 죽을 때까지 싸우는 것이었다.

로마인들은 미신적이었다

로마인들은 그들만의 미신을 갖고 있었다. 한 가지 유명한 미신은 로마인들은 '왼쪽'과 관련된 것은 그야말로 무엇이든지 무서워했다는 것이다. 그들이 '왼쪽에'를 의미하는 데 썼던 단어인 'sinister'에는 이 미신이 반영되어 있다. 이 단어는 영어로 '불길한'을 뜻하는데, 만약 여러분이 로마 시대에 왼손잡이일 정도로 운이 없었다면, 여러분은 왼손을 뜻하는 단어인 'sinistra'로 불렸을 것이다.

지각이 대수롭지 않았다

드디어 이번 사실은 내가 지지할 수 있을 것 같다. 고대 로마인들에게 지각은 그리 대수롭지 않은 일이었다. 그 이유는 아마도 시계가 없기 때문이었을 것이다. 사실 로마인들은 태양에 의존하여 몇 시인지 판단하곤 했다. 여러분이 로마인이었다면 흐린 날에는 거의 틀림없이 지각했으리라 예상할 수 있다.

하수구에 여신이 살았다

클로아카 맥시마는 고대 로마의 유명한 하수 처리 시설이었다. 이 시설은 매우 유명했으며 고대의 불가사의들 가운데 하나였다. 시대를 훨씬 앞선 시설이었던 셈이다. 이런 점이 이야기에 여신이 들어갈 여지를 준 것이다. 알다시피 로마인들은 아주 여러 명의 신을 믿었다. 그들은 로마의 하수구를 지켜주는 여신 클로아키나를 포함하여 거의 모든 것에 신을 두었다. 하수구를 지키는 것뿐만 아니라, 클로아키나에게는 또 다른 임무가 있었다. 바로 결혼 생활에서 성행위를 정화시켜주는 일이었다.

로마인들은 누워서 식사를 했다

로마인들은 식탁에서 의자에 앉아 밥을 먹지 않았다. 만약 그들이 누군가의 집에 저녁 식사 초대를 받았다면, 한가운데에 커다란 식탁이 딸려 있으면서 자신들이 누울 긴 의자 행렬을 찾았을 것이다.

고대 로마 음식

나는 이제 로마 사회의 5성급 식사를 둘러보는 짧은 요리 여

행으로 여러분을 데려
갈 참이다.

가룸은 로마인들이 주
로 먹는 거의 모든 음식
에 넣었을 법한 소스다.
하지만 오늘날 우리가
아주 넉넉히 사용하는
토마토케첩과는 정말

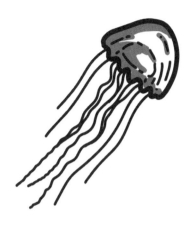

달랐다. 가룸은 발효될 때 쓰고 남은 생선 내장과 피를 뜨거
운 태양 아래에서 몇 주간 양념에 재워 만들어졌다. 일단 이
과정이 완료된 후에 몇 가지 허브 잎이 더해지면, 가룸은 주
요리와 함께 식탁에 오를 준비가 되었다. 그런데 주요리들은
무엇이었을까?

기린 고기는 인기가 많았다. 요새는 기린이 비교적 평화로운
동물이라 여겨지지만, 로마 시대에 기린은 검투사 싸움에 쓰
였을 것이다. 한 연구가 시사하는 바에 따르면, 싸움 후에 학
살당한 이 긴 목의 짐승은 주요리로 식탁에 올려졌을 것이다.
그다음 요리는 해파리다. 해파리는 로마에서 오직 부자들
을 위해서 따로 비축되었다. 최상의 상태로 전해오는 로마

요리책인 《아피키우스》에는 해파리 소비에 대해 묘사되어 있다. 여러분은 해파리를 정확히 어떻게 조리해서 먹었던 걸까 궁금할 것이다. 사실, 로마인들은 해파리 오믈렛을 즐겨 먹었다.

별난 바다 생물 요리는 이것이 다가 아니다. 로마인들은 성게도 먹었다. 우리가 게, 새우, 굴을 즐겨 먹는 것을 생각하면 그들 식성을 판단할 입장은 아니라고 생각한다! 해파리와 거의 똑같이 성게도 로마에서 부자들을 위해 따로 확보되었다.

우리는 흔히 설치류를 질병을 옮기고 다니는 역겨운 동물로 취급한다. 하지만 고대 로마에서 겨울잠쥐는 높은 지위의 상징일 뿐만 아니라 진미로 인식되었다. 사실, 부유한 로마인들은 그들의 재력을 과시하는 방식으로 겨울잠쥐를 요리하기 전에 손님들 앞에서 실제로 무게를 재곤 했다.

우리가 소비하는 동물 부위들을 살펴보면, 흔히 혀에 대해서는 생각하지 않는다. 정말로 확신하건대 여러분은 홍학의 혀를 먹기도 전에 피할 것이다. 하지만 홍학의 혀는 고대 로마에서 또 다른 이상한 지위의 상징이었다. 분명한 것은, 이 새를 많이 소유하기만 해도 부자로 알려졌다는 것이다. 또한 그중 한 마리를 잡아먹기만 해도 로마사람들 관점에서 그 사람의 위신이 바로 올라갔다. 홍학의 혀는 얼마간의 가룸과 함께 반찬으로 특별하게 즐겨 먹었다.

고대 이집트인

Ancient Egyptians

이집트인은 치약을 발명했다

우리가 이집트인들에게 감사해야 할 것이 두어 개 있지만 그중 가장 대단한 발명으로 치약을 들겠다. 그 시대에는 치과 의사가 존재하지 않았다. 그렇지만 이집트인들은 치위생에서 획기적인 방법들을 계속 고안했다. 단, 초기 치약 성분들은 황소 발굽 가루, 재, 탄 달걀 껍데기, 그리고 부석과 같이 미심쩍은 것들이었다.

이집트인은 이쑤시개와 함께 묻혔다

이집트인들은 내세에서의 치아 위생에까지 신경을 썼다. 내세에 치아 사이에 낀 음식물을 빼내려면 이쑤시개가 필요할 것이라는 생각에서 미라를 이쑤시개와 함께 묻었다.

이집트인은 고양이를 위해 눈썹을 포기했다

여러분은 애묘인인가 애견인인가? 내가 하려는 말은, 눈썹이 신경 쓰이면 고대 이집트에서는 애견인이 되는 편이 낫다는 것이다. 누군가의 고양이가 죽어서 그 시신이 미라로 만들어졌다면 고양이 주인은 애도와 존중의 표시로 제 눈썹을 밀었고, 그 눈썹이 다시 자랄 때까지 계속 고양이를 잃은 것을 애통해했을 것이다.

고양이를 다치게 하면 벌을 받을 수도 있었다

이 시기 동안 고양이는 매우 존경받는 동물이었다. 어찌나 존경을 받았던지 이집트에는 여전히 고양잇과 동물의 갖가지 유형을 형상화한 수많은 조각상과 그림들이 있을 정도다. 만약 여러분이 고대 이집트에서 고양이를 죽이게 된다면, 우연히 죽이게 되더라도 사형을 선고받을 수도 있다. 그 이유는 이집트 신화에서 신과 여신이 스스로 다양한 동물로  변신할 수 있는 능력을 지닌 것으로 묘사되기 때문이다. 고양이로 변신한 것일 수도 있는 신성은 바스테트 여신이었다.

이집트인은 대변으로 미래를 예측했다

여러분은 혹시 심령술사나 손금쟁이가 말해주는 여러분의 미래를 들어본 적이 있는가? 여러분 중 몇몇은 경험이 있는 것으로 짐작하겠다. 그런데 누군가가 여러분의 대변을 분석하여 읊어주는 미래를 들어본 적이 있는가? 여러분에게 '스카토만시(scatomancy)'를 소개한다. 이는 고대 이집트에서 미래를 예측하는 매우 인기 있는 방법이었다. 스카토만시에서는 절차상 누군가의 미래를 밝히기 위해 그 사람의 배설물을 분석하는 과정이 수반되었다.

노동자는 임금으로 무를 받았다

오늘날 우리는 일을 해서 돈을 벌지만, 항상 그런 것은 아니었다. 고대 이집트에서는 노동자들에게 임금으로 무, 양파, 그리고 마늘을 주었다. 이 채소들은 노동자들에게 감염병과 싸울 수 있는 건강 상태를 갖추게 해주었다.

이집트인은 임신 테스트를 했다

고대 이집트인들은 임신 여부를 결정하는 아주 독특한 방법도 알고 있었는데, 이 방법은 예상 적중률이 70퍼센트로 놀라울 정도로 정확했다. 임신이라고 생각되는 여성은 씨앗 위에 소변을 보았다. 그 씨앗에 싹이 돋았다면, 그것은 임신일지도 모른다는 표식이었다.

이집트인에게는 최악의 형벌이 있었다

한 문화의 신을 경시하는 행위는 전 세계에 걸쳐 다양한 결과를 낳기 마련인데, 고대 이집트의 경우는 독특했다. 그 시대에는 폭력 범죄가 비교적 드물었고, 주로 태양의 신을 향해 불경함을 드러낸 행위가 가장 끔찍한 범죄로 간주되었다. 사원을 파괴하거나 터는 행위는 처형이라는 최악의 결과로 이어지곤 했다. 그 범죄자는 아마 산 채로 불에 태워졌을 것이다. 고대 이집트인들은 사후에 육신을 보존할 필요가 있다고 믿었다. 그리고 만약 시체가 훼손되었다면 그 육신은 혈관이 없는 채로 내세에 버려져, 결국 망자는 죽고 나서도 계속 고통받게 될 것이었다.

사람들은 미라 붕대를 음식 포장지로 사용했다

한때 콜레라가 창궐했던 적이 있었다. 그 당시 콜레라는 오래된 미라 붕대로 만들어진 종이를 이용해 음식을 감싸는 행위와 결부되어 있었다. 1900년대 초에 고대 이집트는 전 세계적으로 인기였다. 그 인기가 얼마나 대단했던지 미라들은 종종 유럽으로 수출되어 파티장에서 흥밋거리로 붕대가 풀리곤 했다. 불행하게도 미라에 대한 경외감이 낮은 수준이었고 흔히 미라 붕대는 실제 종이보다 더 저렴했다. 한 미국인 사업가는 이런 세태를 기회라고 여겼다. 그는 수입된 오래된 갈색 미라 종이로 음식을 포장해서 약간의 돈을 모으기로 결심했다. 그 후 오래 지나지 않아 사람들이 콜레라에 걸리기 시작했다. 결국 콜레라 창궐은 시간을 거슬러 올라 이 돈 모으기 아이디어와 연결되어 있던 셈이다.

사람들은 한때 미라를 먹었다

1600년대와 1700년대에 유럽에서는 사람들이 다양한 질병을 치료하려는 목적으로 인간의 신체 일부분을 으스러뜨려서 먹는 유행이 대륙을 휩쓸었다. 이러한 유행은 미라를 으스러뜨려 팅크제에 담그던 사람들로부터 시작되었던 것으로 추정된다. 그리고 이것을 시작으로 점차 사람들이 혈액과 관련된 병을 고치기 위해 혈액을 마실 뿐만 아니라 뇌 문제를 처리하기 위해 으스러진 두개골 부스러기를 먹는 데까지

발전했다.

피라미드는 한때 외관이 아주 달랐다

피라미드는 원래 백지 색깔이었고 촉감이 유리처럼 부드러웠다. 각 피라미드의 맨 꼭대기에는 사막의 태양빛 속에서 반짝이는 금빛 캡스톤이 얹혀 있었다. 이 피라미드 외피는 시간이 지남에 따라 떨어져 나갔는데, 그 이유는 지진 때문이거나 아니면 사람들이 외피를 잘라 가져갔기 때문이었다.

CHAPTER 7:

동물

온라인 사진과 영상으로,
아니면 아예 휴일날 사파리 투어를
가서 동물의 세계를 바라볼 때면
여러분은 아마 우와 하고
감탄할 것이다.
바다 위로 슬쩍 보이는 돌고래
혹은 얼음 위에서 뒤뚱거리며 걷는
펭귄을 시청하면서 여러분은 십중팔구
미소를 떠올릴 것이다.
그렇지만 이번 장을 통해
여러분은 완전히 다른 시각에서
동물계를 바라보게 될지도 모른다.

잘 알려진 사실들

General facts

죽지 않는 동물이 있다

인간은 수 세대 동안 영생의 비밀을 찾아왔다. 하지만 그 비밀에 관해서라면 우리 인간보다 우위인 생물종이 하나 있다. 불사 해파리(Turritopsis dohrnii, 홍해파리)라 알려진 해파리류의 한 종은 육체적 손상에 대한 반응 때문에 영생을 산다고 여겨진다. 불사 해파리는 발생 과정에서 제 몸이 늘거나 다칠 경우 폴립 상태로 되돌아가서, 결국 맨 처음부터 삶을 다시 시작한다.

개에게는 무서운 비밀이 있다

여러분은 왜 개가 그토록 삑삑이 장난감을 좋아하는지 궁금한 적이 있는가? 그 장난감은 개들에게 본능적인 사냥 충동을 일으키고 겁에 질리거나 상처 입은 먹잇감의 울음소리를 떠올리게 한다.

사자는 건전하다(wholesome)

부모님이 어린 시절 우리에게 용기를 북돋아주고 자신감을 더 높여주는 것처럼, 성체 사자도 똑같은 방식으로 자식을 대한다. 성체 사자는 어린 사자가 저를 물면 스스로 힘이 세다고 느끼게끔 부추기기 위해 아픈 척을 한다.

나비는 사람을 먹는다

나비는 귀여워 보이지만, 다음에 나비 한 마리가 여러분에게 내려앉아 나비 친구가 생겼다는 행복한 생각이 들 때면 다음 사실을 명심하길 바란다. 나비의 미뢰는 발에 달려 있다. 나비는 여러분의 땀 속 소금에 끌린다. 소금은 나비의 먹이에서 가장 흔한 물질이다. 나비가 여러분에게 내려앉을 때 그는 정오의 간식을 먹으려는 것뿐이다. 여러분이 지난주에 맥도널드에 들른 것만큼 나비는 여러분에게 엄청난 정서적 연결 고리를 느끼고 있는 것이다.

돌고래는 매가오리(stingray)를 괴롭힌다

우리가 사랑스럽게 여기는 몇몇 동물들은 사실 악마의 동물 버전이다. 돌고래를 예로 들어보자. 여러분이 호수나 해변으로 향할 때 물을 가로질러 물수 제비뜨기 시도를 얼마나 즐기는지 잘 알지 않는가? 그렇다, 얼마나 재미있는지, 돌고래도 물수제비뜨기를 즐긴다. 하지만 돌고래는 돌멩이 대신 매가오

리를 사용한다. 돌고래는 아래로 헤엄쳐 매가오리 한 마리를 잡아서 수면으로 데려와 돌멩이인 양 물수제비뜬다.

향유고래는 시끄럽다

향유고래는 지구상에서 가장 시끄러운 포유동물이다. 이 동물의 발성은 230데시벨에 달한다. 이 수치를 이해하기 쉽게 설명하자면, 이 정도로 시끄러운 소리에 너무 가까이 서 있다간 소리가 뇌 속에 기포를 유발함으로써 여러분을 죽을 정도로 흔들리게 할 수도 있다.

고양이가 한 마을의 시장이 되었다

이미 말했듯이 나는 애견인인데, 그렇더라도 이 사실은 정말 대단하다. 인구수 772명의 알래스카주 탤키트나 마을 주민

들은 2000년에 스터브즈라는 이름의 주황색 고양이를 명예 시장으로 지명했다. 스터브즈는 20년 동안 재직했다.

펭귄은 위험한 존재다

다음에 다큐멘터리 〈블루 플래닛〉을 보면 펭귄, 정확히 황제 펭귄이 다르게 보일 것이다. 황제펭귄은 새끼를 잃으면 또 번식하기보다는 다른 펭귄의 새끼를 가져와 제 새끼처럼 키운다. 명심하자, 황제펭귄은 싫증이 나서 훔쳐온 새끼 펭귄을 버리기 일쑤이기도 하다. 유년기란 것이 이만저만 혹독한 게 아니다.

어떤 펭귄은 기사 작위를 받았다

여러분은 노르웨이에 기사 작위를 받은 펭귄이 있었다는 사실을 알고 있었는가? 이 전설적인 펭귄은 닐스 올라프 3세 경이라는 이름으로 통한다. 닐스 경은 노르웨이 근위대의 마스코트 역할을 부여받더니 초고속으로 진급했다.

펭귄들은 서로 프러포즈한다

펭귄은 정말로 흥미로운 조류인데, 여러분은 조약돌로 프러

포즈하는 펭귄 종이 있다는 사실을 알고 있었는가? 그렇다, 젠투펭귄은 돌을 골라서 짝이 될 가능성이 있는 펭귄 발에 떨어뜨린다고 알려져 있다. 만약 암컷 펭귄이 그 조약돌 제시에 감명받으면, 이 한 쌍의 펭귄은 조약돌로 둥지를 짓기 시작해 함께 생활을 시작할지도 모른다. 갈라파고스펭귄의 89퍼센트가 제 짝 곁에 계속 머물러 있음을 보여주는 연구로 보아, 일반적으로 펭귄은 짝에게 충실하다. 다만 1999년도 또 다른 연구는 황제펭귄 중 15퍼센트만이 번식기마다 동일한 짝을 찾아낸다고 밝혔다. 지속적으로 동일한 짝에게 돌아오는 펭귄의 짝에 대한 충성도 비율(fidelity rate, 정조 비율)은 59퍼센트에서 89퍼센트 사이인데, 솔직해지자, 대부분의 인간보다는 아주 높은 비율이다.

돌고래는 악한 면을 갖고 있다

이 책을 읽기 전에 여러분이 돌고래를 아무런 해를 끼치지 않는 귀여운 동물로 여긴 것은 이해할 만하다. 그러나 돌고래는 매가오리들을 스치듯 지나기만 하는 것이 아니라, 재미 삼아 죽이기도 한다. 스코틀랜드 동쪽 해변에서는 사람들이 '끔찍한 내부 손상'을 입은 새끼 쇠돌고래류를 발견하기 시작했다. 돌고래들이 반향정위라는 능력을 이용하여 새끼 쇠돌고래류를 상대로 내상을 입히고, 심지어 죽이기까지 하는 모습이 필름에 찍혔던 것이다.

판다는 어버이로서 최악의 동물이다

엄청 귀엽지만 완전히 사악한 동물 분야에서 최고 자리를 두고 경쟁을 벌이는 동물이 돌고래만은 아니다. 판다 역시 만만치 않은 후보다. 전형적으로 판다는 쌍둥이를 낳는데, 새끼 쌍둥이를 그리 달가워하지 않고 한 마리만 원할 뿐이다. 그래서 판다는 쌍둥이 중 더 강한 녀석에게 유리하도록 약한 녀석을 골라내어 무시해버린다.

우리 인간은 코끼리와 비슷하다

여러분은 언젠가 코끼리를 보고서 '어라, 사람이랑 똑같잖아?'라고 생각했던 적이 있는가? 아마 없을 것이다. 여하튼 여러분이 생각보다 더 코끼리와 비슷하다고 하면 믿을 텐가? 코끼리는 사람 외에 턱을 지닌 유일한 동물이다. 또한 코끼리는 자아를 갖고 있으며, 공감을 나타내고, 호기심을 가지며, 학습과 모방을 통해 행동을 발달시킬 줄 안다. 덧붙여 코끼리는 팀워크의 중요성을 이해하며, 사랑하는 대상 때문에 슬퍼하는 것도 사람과 비슷하다.

사람보다 개미가 더 많다

내가 지금 쓰려고 하는 내용은 현실적이기보다는 오히려 아포칼립스 영화 줄거리처럼 들린다. 지구상에는 사람 한 명당 개미 250만 마리가 존재한다고 추정된다. 개미는 제 몸무게보다 열 배에서 50배 사이의 무게를 옮기는 능력을 지닌다. 그리하여 이 아포칼립스 내용은 이러하다. 만약 개미가 인간 뇌와 비슷한 정두로 뇌 능력을 발달시킨다면, 합동 공격술과

하이브 마인드를 발휘하여 인류를 완전히 말살하고 그들의 힘만으로 지구를 넘겨받을 수도 있다는 것이다.

여러분의 몸 전체를 덮는 데 많은 개미가 필요치는 않을 것이다

지구상에 사람 한 명당 250만 마리꼴로 개미가 있을지도 모른다. 하지만 평균적인 사람 몸을 덮는 데에는 250만 마리 중 3,000마리만 있으면 된다니, 이야말로 여러분을 소름 돋게 할 만한 사실이 아닌가.

피가 항상 붉은 것은 아니다

다른 색의 피를 떠올릴 때면 우리 생각은 아마 TV 드라마와 영화로 뻗칠 것이다. 그런데 총천연색 피는 실제로 우리와 훨씬 더 가까이 있다고 하면 믿을 텐가? 갑각류, 거미, 오징어, 문어, 그리고 일부 절지동물류 등은 파란색 피를 지녔다. 일부 벌레와 거머리는 초록색 피를 지닌 한편, 벌레 중 수많은 해양 생물종들은 보라색 피를 지녔다. 색이 항상 그렇게 선명하기만 한 것은 아니다. 딱정벌레와 나비 같은 곤충들은 무채색이거나 옅은 노란색 피를 지녔다.

화려하지만 치명적인

Colourful but deadly

자연계에 관한 한, 동물은 선명하고 화려할수록 더 치명적이다. 만약 여러분이 야생에서 이런 동물들 중 어떤 동물이라도 보게 된다면 거리를 유지하는 게 좋을 것 같다. 그 동물들이 여러분의 최후를 가져올 수도 있기 때문이다.

독화살개구리(과 동물들)

독화살개구리에는 노랑, 빨강, 주황, 초록, 그리고 파랑을 포함하여 다양한 색상의 종들이 있지만, 그 선명한 아름다움에 속지 말기를 바란다. 한 번 만지는 것만으로도 일 분 내로 여러분을 조상님께 보내버릴 수 있다. 독화살개구리는 피부에서 분비되는 강력한 독소를 방출한다. 이 독소는 너무나도 치명적이어서 중남아메리카 지역 토착민들은 바람총의 화살 끝에 이 독소를 발랐다. 혹시나 이 화려한 개구리들이 제기하는 위험에 대해 여전히 조금이라도 의심이 든다 해도, 그중 가장 치명적인 개구리는 황금독화살개구리로서 10명에서 20명의 사람을 죽일 정도로 충분한 독소를 지니고 다닌다. 그 모든 참사가 고작 4센티미터 길이 개구리 한 마리로 인해 야기될 수도 있다.

파란고리문어(속 동물들)

지구상 가장 위험한 동물들 중 하나인 파란고리문어를, 그런 줄도 모르고 집어들고 귀엽다고 여기는 한 여성의 전파력이 강한 티톡 영상을 보았는지 모르겠다

(어쨌든 그 여성은 다행히 무사했다). 파란고리문어는 독성이 가장 강한 독을 지닌 동물이라는 칭호를 갖고 있는데, 이 동물을 더 고약하게 만드는 것은 현재 해독제가 존재하지 않는다는 사실이다. 조심하라고 말하고 싶어도, 이 문어에게 물리면 전혀 통증이 없는 것으로 알려져 있다. 그러니 호흡 곤란 및 마비가 시작되기 전까지는 여러분은 그날을 그저 해변에서 보내는 평범한 날이었다고 여길 것이다.

프페퍼 불꽃갑오징어(flamboyant cuttlefish)

불꽃갑오징어는 확실히 독특하게 생긴 해양 동물종이다. 온몸을 가로지르는, 최면을 거는 듯한 빨갛고 노란 천연색을 띤 이 갑오징어는 해저에서 확실히 눈에 잘 띈다. 정식 학명은 Metasepia pfefferi이며 오스트레일리아 근처뿐만 아니라 태평양 섬들 주위에서 찾아볼 수 있다. 불꽃갑오징어는 맹독이 있을 뿐만 아니라 파란고리문어만큼이나 유독하다고 여겨진다.

귀엽지만 치명적인

Cute but deadly

동물계 내에서 위험한 동물 하면, 우리는 으레 사자나 곰, 악어와 같은 종들을 떠올린다. 귀엽고 사랑스러운 동물은 우리에게 위협 자세를 취할 것이라고 여기지 않는 것이다. 그런데 여기에 양심의 가책이란 전혀 없이 우리를 사후세계로 보낼 것 같은 몇몇 귀여운 동물들을 소개한다.

늘보로리스

늘보로리스를 보면 늘 그 귀여움에 감동하고 만다. 하지만 만약 늘보로리스를 정말 보게 된다면 멀찍이 떨어져 있어야 함을 기억하길 바란다. 그 커다란 눈에 현혹되면 안 된다. 왜냐하면 늘보로리스는 독이 있는 유일한 영장류이기 때문이다. 피그미늘보로리스는 팔꿈치에 있는 분비샘에서 치명적인 독을 생성한다. 그렇다, 팔꿈치가 맞다! 이 영장류는 먹잇감을 베어 물어야 할 경우를 대비해서 이빨에 독을 묻히려고 몸의 이 부분(팔꿈치 안쪽)을 혀로 핥을 것이다. 훨씬 더 놀라운 사실은 이 독소는 피그미늘보로리스의 침과 섞일 때만 활성화된다는 점이다. 이 동물이 독소를 핥으면, 화학적 반응이 시작된다.

두건피토휘

검은색과 주황색의 독특한 외관을 지닌 두건피토휘는 여타 다른 사랑스러운 새처럼 보이지만, 심술궂게도 강력한 한 방을 지니고 있다. 깃털에 과학계에 알려진 가장 강력한 독성이 들어 있는 것이다. 어떤 조류 연구가는 이 새들 중 한 마리에게 공격을 당했는데 그 새는 그의 손을 할퀴었다. 그는 긁힌 상처가 으레 아파야 하는 정도보다 훨씬 더 아프다는 것을 알아채고, 통증을 줄이려고 입속에 손가락을 얹었다. 그런데 이 행동은 그의 혀까지 쑤시고 화끈거리게 만들었다. 두건피토휘 깃털에 대해 더 면밀하게 조사가 이루어지자 그가 왜 그런 반응을 보였는지 정확하게 밝혀졌다. 이 새에게는 바트라코톡신이 있었다. 이 물질은 지극히 강한 신경독으로서 마비, 심장정지를 일으키고, 고용량이 투여되었다면 최악의 경우 죽음으로 이어질 수도 있다.

괴짜 코알라

Kooky koalas

코알라는 지구상에서 가장 둔한 포유동물이다

만약 여러분의 최애 동물이 코알라라면, 다음에 소개될 몇 가지 사실이 코알라에 대한 모독으로 여겨질 것이다. 코알라는 가장 둔한 포유동물이라는 영예를 갖고 있다. 이 동물은 하루에 최대 20시간을 자는 데 쓴다. 이 동물의 주식은 유칼립투스 잎인데 이 잎이 코알라들에게 극히 적은 에너지를 공급하기 때문이다.

코알라의 식습관은 그리 훌륭하지 않다

코알라의 식습관은 거의 전적으로 유칼립투스 식물에만 집중하는 것이다. 만약 여러분이 유칼립투스 나무에서 잎을 벗겨낸 후 코알라 앞에서 접시 위에 올려놓는다면, 코알라는 접시 위 잎들을 먹이로 인식하지 않을 것이다. 아마도 잎들을 쳐다보기만 할 것이다.

코알라는 비를 맞는 법이 없다

내가 여러분과 나눌 수 있는 모든 코알라 관련 사실들 중 이번 것이 바로 내 맘에 드는 것일지도 모르겠다. 코알라는 대략 2,500만 년 동안 지구상에 존재해왔지만 이날까지 비에 대한 개념을 모른다. 비가 오기 시작할 때면 은신처를 찾기보다는, 자신이 왜 젖어가는지 혼란스러워하며 그 자리에 그냥 주저앉을 것이다. 그리고 비가 멈출 때까지 그렇게 계속 앉아 있을 것이다.

코알라는 악어보다 더 사악하다

코알라의 아이큐가 낮다고 얕보지 말라. 코알라는 싸우는 법을 잘 알고 있다. 우스운 이야기가 있다. 2006년 오스트레일리아에서 한 무리 사람들이 처음에는 코알라를 훔칠 생각으로 한 동물원에 침입했다. 하지만 결국 그들은 1.2미터 길이에 40킬로그램 무게짜리 악어를 데리고 떠나는 신세가 되었는데, 그 악어를 끌어서 보안 펜스를 넘어야 했다. 코알라를 훔치느니 그편이 더 쉬웠기 때문이었다.

불길한 거미

Sinister spiders

거미가 점점 더 많아지고 있다

기후 변화는 거미의 개체 수를 늘리게 할 뿐만 아니라 몸집을 커지게 만들고 있다. 그렇다, 여러분이 생각하는 악몽 같은 최악의 상황이 일어나고 있는 것이다. 2009년도 한  연구는 더 일러진 봄과 더 길어진 여름 때문에 북극지방 기온이 오르면서 늑대거미의 몸집이 더 커질 수 있음을 시사했다. 더 큰 거미는 자손을 두드러지게 더 많이 낳기 마련이며, 이는 거미의 수가 점점 더 많아지고 있음을 의미한다.

여러분은 항상 거미 가까이에 있다

이 사실은 아마 여러분을 영원히 집 안에 있고 싶게 만들지도 모른다. 평균적으로 녹지에는 1에이커당 5만 마리(1제곱미터당 약 12마리)의 거미가 존재한다. 여러분이 있는 곳에서 1미터 이내에는 적어도 10마리의 거미가 항상 있을 것이다. 이는 언제나 거미가 쉽게 다가갈 수 있는 거리 내에 여러분이 있다는 뜻이다.

거미 독은 가공할 만하다

여러분의 혈구를 터지게 만드는 거미가 존재한다. 이 거미가 물 때 독 속에서 발견되는 아주 보기 드문 단백질 때문이다. 만약 여러분이 그 무서운 갈색은둔거미와 같은, 실거미속에 속하는 거미한테 물린다면, 여러분에게 주입된 독은 효과가 나타나는 시점에 피부를 까맣게 변색시킬 것이다.

거미는 먹잇감을 '마신다'

이제, 나는 거미가 지옥의 아홉 번째 고리에서 기어올라왔다고 확신한다. 그리고 지금 다룰 사실이 그 점을 제대로 증명해줄지도 모른다. 거미는 먹잇감을 그저 죽여서 먹는 것이 아니라, 실제로는 액화시킨다. 거미는 이빨이 전혀 없으며 전적으로 액상의 먹이를 먹고 살아가는 것이다. 이 동물은 세포막을 분해하는 독을 지니고 있다. 일부 거미는 먹잇감의 내장을 제거한 다음 나머지를 그러모아 입속에 넣을 수 있는 큰 턱을 가지고 있다. 그런 다음 먹잇감을 입속에서 분해한다. 다른 종들은 독을 먹잇감에 뿌린 후 이 불쌍한 생명체가 액화되기를 기다렸다가 '맛 좋은' 음료를 즐긴다.

거미 군집은 거대하다

수천 마리는 말할 것도 없고, 거미는 우연히 한 마리만 발견해도 충분히 안 좋은 상황이다. 세계는 제 몸집보다 몇 배 더 큰 먹잇감을 분해할 뿐만 아니라, 함께 기능하여 복잡한 체계를 구축하는 거미 군집들로 꽉 차 있다. 이 군집들에는 최대 5만 마리 거미가 수용될 수 있다.

새를 먹기도 하는 거미가 있다

내 생각에는 세계에서 가장 무서운 거미들 중 하나가 골리앗새잡이거미다. '새잡이'로 분류되는 거미는 무엇이든지 끔찍한 종류이긴 하지만, 골리앗새잡이거미는 다리를 쫙 폈을 때 끝과 끝의 길이가 최대 28센티미터에 달할 수도 있으며 6센티미터가 넘는 독니를 갖고 있다. 이 측정값 덕분에 골리앗새잡이거미는 거미류에서 가장 큰 종이 된다.

일부 거미들은 점프할 수 있다

거미가 점프를 할 수 있다고 생각하니 정말 끔찍하다. 하지만 깡충거미류는 제 몸길이의 50배 높이를 점프할 수 있다.

거미는 훌륭한 청력의 소유자다

거미는 뛰어난 청력을 갖고 있다. 그래서 최근에 들어서야 거미가 주로 시력에 의존해 움직인다는 사실이 밝혀졌다. 단, 코넬대학교 연구진은 깡충거미류의 한 종인 피디푸스 아우닥스(Phidippus audax)가 최대 3미터 밖에 있는 사람들의 말소리를 들을 수 있으며, 심지어 그보다 더 멀리서 들리는 소리도 충분히 들을 수 있다는 사실을 밝혀냈다. 이 거미종은 입자의 움직임을 감지하는 특화된 털을 통해 소리를 듣는다.

타란툴라 거미는 스스로를 방어할 수 있다

일반적으로 타란툴라 거미는 위협받지 않으면 공격하지 않는다. 하지만 위협을 받을 때면 스스로 방어하려는 노력의 일환으로 복부를 문질러 센털의 일종으로 알려진, 한 무더기의 독이 나오는 털을 날린다.

어떤 거미들은 날 수 있다

더 이상 끔찍할 수는 없다고 생각했는가? 그런 여러분에게
하늘을 나는 거미를 소개한다. 그렇다, 예전에 거미공포증이
없었다면 지금 생겼을지도 모르겠다. 하늘을 나는 거미는 날
개를 가지고 있지 않지만, '벌루닝(ballooning)'으로 알려진 행
동을 한다. 이 거미들은 여러 가닥의 거미줄을 쏘아 바람에
몸을 날려서 공중을 뚫고 나아간다. 하늘을 나는 거미들은
이 방법으로 수백 킬로미터를 이동할 수 있으며, 심지어 졸
지에 대양 한가운데 섬에 닿을 수도 있다. 어디든 거미로부
터 안전한 곳은 없어 보인다.

야생 고래

Wild whales

고래는 너무 나이가 들면 익사한다

이 사실은 책 전체에서 가장 슬픈 내용일지도 모른다. 고래는 해양 포유동물로서 때때로 숨을 쉬기 위해 수면으로 올라가야 할 필요가 있다. 하지만 고래가 특정 나이에 이르면 너무 육체적으로 약해져 수면에 닿을 수 없어서 익사한다.

고래는 한 시간 동안 숨을 참을 수 있다

종에 따라 다르지만, 평균적으로 고래는 약 60분 동안 숨을 참을 수 있다. 단, 이 사실은 고래의 몸집, 나이, 그리고 육체적 건강에 따라 달라지긴 달라진다.

범고래의 먹이 메뉴는 방대하고 끝이 없어 보인다

이제 범고래의 먹성은 인정해줄 수밖에 없다. 이 고래는 대양에서 최고로 위험한 포식자 자리를 놓고 돌고래와 경쟁한다. 우선, 범고래에게 지나치게 많다는 것은 거의 존재하지 않는다. 백상아리부터 바다표범, 돌고래, 매가오리, 대왕고래까지, 그 어떤 그리고 그 모든 동물이 범고래의 먹이 메뉴에 올라 있다. 범고래는 최상위 포식자라는 특권을 즐기고 있는 셈이다.

범고래는 사람을 잡아먹지 않는다

여러분은 범고래의 필수적인 먹이에 들지 않음에 감사해야하겠다. 인간은 몸집에 비해 근육과 지방이 거의 없어서 우리는 포만감을 주는 좋은 먹이가 되지는 않는다. 이 사실이 모욕처럼 느껴질지 모르겠다. 하지만 여러분은 이 행성에서 가장 무서운 포식자들 중 한 동물에게 먹히지 않을 면제권을 갖고 있음을 기쁘게 여겨야겠다.

범고래는 가끔 사람을 공격하긴 한다

범고래가 사람을 쫓는 유일한 경우는 사람을 바다표범으로 착각했을 때인데, 실수를 깨달으면 공격을 멈춘다.

범고래는 먹잇감을 내팽개친다

범고래는 뛰어난 사냥꾼이지만, 피식자를 죽이는 여러 방법들 중 일부는 정말 노골적으로 잔인하다. 범고래는 엄청나게 강력한 꼬리를 이용해 다음에 먹을 먹이를 물 밖으로 버린다고 기록되어 있다. 이 동물은 바다표범을 공중으로 최대 24미터 높이까지 내던질 수도 있다. 이렇게 행동함으로써 범고래는 설령 바다표범이 추락 후에 살아남더라도 부상을 입게 할 수 있는 것이다. 또한 범고래는 피식자의 피부를 헤집어놓아 먹잇감을 더 먹기 쉽게 만든다.

범고래는 새끼 범고래를 죽이곤 한다

내가 바다에서 안전한 존재란 없다고 말을 할 때에는 다른 범고래조차도 안전하지 않음을 의미한다. 사실 어린 범고래들은 아주 심각한 위험에 처해 있다. 범고래의 다른 이름, 오르카는 한 가지 의도를 갖고 다른 어린 오르카들을 죽이는 것으로 알려져왔다. 바로 새끼를 잃고 애통해하는 어미 오르카에게 짝짓기를 시도하기 위해 새끼 오르카를 죽이는 것이다. 이런 상황은 성체 사자 경우와 매우 흡사하다.

거대한 고릴라

Gargantuan gorillas

고릴라는 작은 생명체를 무서워한다

우리 모두는 영화 〈혹성탈출〉과 〈킹콩〉을 보았다. 여러분은 고릴라가 두려워하는 것이 전혀 없다고 생각하겠지만 그렇지 않다. 고릴라가 가장 두려워하는 무시무시한 동물은 다름 아닌 바로 카멜레온과 모충이다. 고릴라가 어째서 그렇게 작은 생명체들을 무서워하는지는 아직 밝혀지지 않고 있으나, 새끼 마운틴고릴라는 호기심에서 기어다니는 것은 모두 따라다니기는 하지만, 카멜레온이나 모충에게는 걸음을 멈추고 길을 내어주는 모습이 관찰되었다.

고릴라는 엄청나게 힘이 세다

고릴라는 힘이 세다고 말하면 너무 당연한 말을 한 것일지도 모른다. 그런데 이 동물은 얼마나 힘이 센 것일까? 고릴라들은 서로에게 매우 온화하다. 다만, 이 동물들이 감정이 극에 달할 때에는 우리에서 탈출하기 위해 쇠창살을 구부리거나

가볍게 바나나 나무를 뽑는 것으로 알려져왔다. 그리고 고릴라의 무는 힘은 사자의 무는 힘의 2배쯤 된다. 사자는 650프사이(제곱인치당 파운드)의 무는 힘을 지닌 반면, 고릴라의 무는 힘은 대략 1,300프사이다.

고릴라는 비를 싫어한다

고릴라는 비와 상극이다. 어찌나 비를 싫어하는지 만약 고릴라가 무방비 상태로 소나기를 맞는다면 비가 얼마나 오래 오든 상관없이, 그저 미동 없이 비가 그치기를 기다릴 것이다. 만약 근처 가까운 곳에 동굴이 있다는 사실을 알고 있다면 비를 피해 그곳으로 갈 것이나, 모르고 있다면 그냥 그 자리에 앉을 것이다. 하지만 오랑우탄은 때때로 커다란 잎이나 가지를 이용해 제 몸을 덮곤 한다.

고릴라는 냄새가 좀 난다

고릴라는 야생에서 아주 위풍당당한 존재일지 몰라도 뭐랄까, 냄새가 난다. 그 이유는? 끊임없이 방귀를 뀌어대기 때문이다. 고릴라는 일반적으로 매일같이 18~30킬로그램의 식물을 성별에 따라 양을 달리 섭취한다. 그리고 그렇게 어마어마한 양의 먹이를 소화시키기 위해서 고릴라의 소화관에는 상당수 세균이 들어 있는데, 이 세균들이 고릴라가 거의 끊임없이 방귀를 뀌도록 유발하는 것이다.

고릴라는 대부분 채식을 한다

여러분은 고릴라가 195킬로그램의 육체적으로 강한 동물이 되려면 매우 심한 정도로 단백질을 섭취해야 한다고 생각할 것이다. 하지만 실상은 그렇지 않다. 고릴라는 대부분 초식 동물로서 약 140종의 식물을 먹고 사는데, 매일 18~30킬로그램의 먹이를 소비해야만 한다.

발차기 명수 캥거루

Kicking kangaroos

캥거루에게는 비밀이 있다

이 비밀을 캥거루 가까이에서 듣는 것은 추천하지 않지만, 여러분이 꼬리를 땅에서 들어올릴 수 있을 정도로 캥거루와 가까이 있다고 가정해보자. 그렇다면 이는 캥거루가 깡충깡충 뛰어다닐 수 없는 상황임을 의미한다. 캥거루는 깡충깡충 뛰어다니는 동안 꼬리를 사용해 균형을 유지한다. 그래서 만약 여러분이 꼬리를 들어올린다면 캥거루는 균형을 잃고 넘어질 것이다.

캥거루는 훌륭한 파이터다

캥거루가 가할 수 있는 물리적인 힘은 엄청나다. 보통 사람은 120~150프사이 힘으로 주먹을 날릴 수 있는데, 캥거루 주먹은 대략 125킬로그램의 힘을, 발차기는 344킬로그램의 강력한 힘을 발휘한다.

캥거루는 정말 점프할 수 있다

캥거루는 몸무게가 약 91킬로그램이나 나가지만 항상 1~2미터 높이로 몸을 날려 점프할 수 있다.

캥거루는 여러분을 수장시킬 수도 있다

무얼 하든 간에 절대로 캥거루를 쫓아 물속으로 들어가지 말자. 캥거루는 위험에 빠졌다고 느끼면 포식자의 팔이 물에 잠기는 지점까지 포식자를 물속으로 유인하려고 한다. 그다음, 포식자가 추격을 포기하거나 죽거나 할 때까지 수면 아래 잡아둔다.

캥거루 역시 동물계에서 가장 나쁜 부모일지도 모른다

캥거루가 포식자에게 쫓기는 중일 때면 도망치기 위해 필사적으로 노력하며 포식자의 주의력을 흐트러뜨리는 용도나 미끼로 제 새끼 캥거루들을 버리고 달아난다고 알려져 있다. 이는 회색캥거루 행동에서도 입증되었다.

원기 왕성한 에뮤

Energetic emus

우리가 전에 이야기했던 대로, 과거 인간은 에뮤라 불리는 날개 없는 새를 상대로 한 전쟁에서 졌다. 어떻게 질 수 있냐고 물을지도 모르겠다. 여하튼 이 지옥에서 온 비둘기가 어떻게 인간보다 한 발 더 앞섰던 것인지 설명하겠다.

에뮤는 떼를 지어 이동한다

키가 약 183센티미터까지 자라고 무게는 54킬로그램 정도 나갈 뿐만 아니라, 올림픽 선수의 체력을 갖고 최대 시속 48킬로미터로 달리며, 수직으로 약 207센티미터 높이로 당당히 도약할 수 있는, 게다가 강력한 수영 선수이기도 한 에뮤는 또한 수백 마리의 큰 무리를 지어 몰려다닌다.

에뮤는 매우 영리하다

여러분은 이 새가 몹시 핼쑥하고 미련하다고 생각할지도 모르겠다. 하지만 실상은 다르다. 사실 에뮤는 전술 정보뿐만 아니라 빼어난 기동성으로 이 전쟁에서 많은 관심을 받았다.

에뮤는 참전한 사람들보다 수적으로 우세했다

에뮤의 순수한 개체 수는 인간에게 심각하게 불리했다. 선사 시대 동물처럼 생긴 이 새는 대략적으로 2만 마리가 있었다. 이 사실을 읽고 나니 이 전쟁에서 승리를 꾀한 군인들에게 우리 모두가 어느 정도 연민을 느껴야 한다고 생각한다.

에뮤는 어느 정도 방탄 기능을 갖추고 있다

에뮤 대전쟁이 벌어지면서, 참전자들은 에뮤 사살용 탄환을 9,000발 넘게 사용하여 가까스로 986구의 에뮤 사체를 확인했다. 그러니까 대략적으로 에뮤 한 마리당 10발의 탄환이 든 셈이다. 메레디스 소령은 전쟁 중 오스트레일리아의 지휘관이었는데, 이 새에 관해서 이렇게 말한 것으로 기록되었다. "만약 이 새의 방탄 능력을 갖춘 부대가 우리에게 있다면 전 세계 어느 군대와도 맞설 텐데." 에뮤의 깃털은 매우 두꺼울 뿐만 아니라 기관들도 몸에서 극히 작은 면적을 차지한다. 이 사실은 여러분이 에뮤 한 마리를 해치우기 위해서는

정확한 조준과 에뮤의 몸 구조에 대한 지식을 갖고 있어야
함을 의미한다.

자연계에서 가장 바람직한 아비들

The best dads in nature

우리는 동물계에 존재하는 끔찍한 양육 기술에 대해 수차례 이야기해왔다. 하지만 여기에는 바람직한 아비 동물에 대한 몇 가지 좀 더 긍정적인 사실을 소개한다.

마모셋

일단 수컷 마모셋이 아비가 되면 다른 가족 구성원들의 도움을 받으며 아주 진지하게 그 역할을 도맡는다. 아비 마모셋은 그루밍, 먹이 먹이기, 그리고 심지어 업어주기까지 책임진다. 반면에 암컷 마모셋은 몇 주 후에 양육에서 물러난다. 네브래스카 대학 동물원(University of Nebraska Zoo)의 한 영장류 동물학자는 출산 예정인 어미 마모셋에게 부과되는 육체적인 부담을 수컷 마모셋이 인식하고 있기에 양육에서 이러한 막중한 개입이 이루어진다고 보았다.

붉은여우

붉은여우가 어릴 때에는 아비 붉은여우가 매일 먹이를 사냥한다. 하지만 3개월이 지나면 먹이 사냥은 중단되고, 아비 여우는 먹이를 갖고 은신처로 돌아오는 대신에 어린 여우에게 먹이 찾는 법을 가르치려는 목적으로 먹이를 제 가족의 굴 가까이에 묻어둔다.

자카나

수컷 자카나는 둥지 만들기부터 알 품기, 그리고 태어나자마자 어린 새 돌보기까지 온갖 궂은일을 다 하는 것으로 알려졌다. 암컷 자카나는 다른 수컷의 알을 산란하자마자 으레 또 다른 수컷을 '알아가게' 된다. 수컷 자카나는 너무나도 잘 챙겨주고 세심한 동물이어서 다른 수컷에게 수정된 알마저 보살피며, 암컷이 이주를 이유로 떠나버린 후에도 둥지 곁에 계속 남는다. 암컷 자카나는 포식자를 겁주어 쫓아내는 일을 거든다.

아로와나

이 물고기는 알이 부화할 때까지 구슬같이 생긴 알들을 입속에 넣고 다닌다. 일단 알이 부화하면, 아비 아로와나는 수백 마리의 새끼 아로와나들을 보호하기 위해 입속에 계속 둔다. 새끼 아로와나들이 살펴보려고 빠져나오면, 아비 아로와나는 자손들을 일일이 찾아다니며 포식자로부터 안전하게 지키기 위해 도로 입 안으로 빨아들인다.

늑대

늑대는 세계에서 막강의 최상위 포식자로 알려져 있다. 하지만 이 동물은 일부일처제를 따르며, 제 어린 자식에게 신경 쓰고 평생 제 배우자 곁에 머무는, 지극히 가족을 보호해주는 아비다. 암컷 늑대는 한배에서 나온 새끼들에게 나누어줄 고기를 역류시킨다. 하지만 아비 늑대는 갓 잡은 동물의 살점 전체를 제공해준다. 어린 늑대 무리가 자라기 시작하면서 아비 늑대는 엄격하지만 장난스러운 역할을 맡아서, 어린 늑대들이 늑대 무리에 통합되도록 서서히 돕는다.

바퀴벌레

아마 여러분이 이 목록에서 보리라 기대하지 않았던 한 생명체는 바퀴벌레일 것이다. 바퀴벌레는 새끼를 위해 먹이를 모은다. 그리고 질소를 얻기 위해 새의 배설물을 먹은 후, 그 배설물을 새끼에게 도로 가져가는 것으로 알려져 있다. 왜냐하면 질소는 바퀴벌레에게 필수적인 영양소이기 때문이다(그래도 어버이 바퀴벌레가 그 질소를 어디서 얻어왔는지 새끼 바퀴벌레는 모르기를 바라고 바랄 뿐이다). 나무를 먹고 사는 바퀴벌레는 극히 세심하고 깔끔한 어버이들인데, 가족을 보호하고 감염 위험이 거의 없음을 확실하게 하기 위해 새끼 바퀴벌레를 키우는 육아실 전체를 청소하는 것으로 알려져 있다.

자연계에서 가장 바람직한 어미들

The best mums in nature

우리는 자연계에서 가장 바람직한 아비들에 대해 이야기했는데, 가장 바람직한 어미들은 어떨까? 어미들에 대해 말해 보자.

오랑우탄

어미 오랑우탄과 새끼 오랑우탄 사이의 유대는 자연계에서 가장 강한 유대 중 하나이다. 삶의 첫 2년 동안 새끼 오랑우탄은 먹이와 이동에서 전적으로 제 어미에게 의존한다. 모계 오랑우탄은 6~7년 동안 새끼 오랑우탄 곁에 머무르며 먹이 먹는 법, 집 짓는 법, 그리고 자는 동안 안전하게 머무르는 법과 같은 귀중한 삶의 지혜를 알려준다. 이 모든 중요한 삶의 지혜들에 대한 감사의 표시로, 오랑우탄은 15세 혹은 16세에 이를 때까지 제 어미를 찾아간다. 이 동물의 평균 수명이 27년임을 감안하면 아주 긴 시간이다.

북극곰

혹독한 조건 속에서 살아남는다는 것은 새끼 곰이 모든 필수적인 생존 기술을 배우도록, 적어도 2년 동안은 반드시 어미 곰과 함께 지내야 함을 의미한다. 이 모든 것은 출산을 앞둔 어미 곰이 새끼를 낳으려고 눈 더미 깊숙이 굴을 파서 악천후로부터 제 새끼 곰을 안전하게 지키면서 시작된다. 어미 곰은 제 체온과 젖으로 새끼들을 따뜻하고 건강하게 보호하기 위해서, 주로 11월에서 1월 사이에 어디에서든지 눈 더미를 판다. 새끼 곰들은 3월이나 4월에 굴을 떠나는데, 가장 중요한 생존 기술인 사냥을 배울 수 있기 전에 바깥 온도에 익숙해질 필요가 있기 때문이다.

망치새

망치새는 엄청나게 진지하게 집을 손수 만들어 취한다. 대략 서너 달 동안, 이 아프리카 새는 매일 수 시간 동안 집요하게 일하여 미래의 제 새끼들을 위한 거대한 둥지를 만든다. 어미 망치새와 아비 망치새의 관계는 팀워크를 기반으로 아주 공고히 형성되어 있다. 수컷 망치새는 재료를 모으는 한편, 암컷 망치새는 얼기설기한 둥지를 조립한다. 일단 둥지가 지어지면, 어버이 망치새는 둘이서 둥지를 진흙으로 바르고 장식을 한다. 너비 1.5미터 높이 1.5미터 정도의 대규모 둥지 구조는 매우 인상적인데, 이 둥지는 성인 한 사람의 무게를 지탱할 수 있다. 그렇지만 놀라긴 이르다. 이 둥지에는 무려 8,000개의 갖가지 재료들이 들어 있으니 말이다.

문어

문어는 모든 어미들 중 가장 바람직한 어미일지도 모른다. 문어는 깊은 굴이나 동굴에 최대 7만 4,000개의 알을 낳고 그 후 일곱 달 동안 먹이를 이유로 자리를 뜨기는커녕 한 번도 떠나지 않고 알들을 돌본다. 포식자로부터 새끼 문어들을 보호하기 위해서는 꼭 이렇게 해야 하지만, 이는 자기희생적 행동이기도 하다. 어미 문어는 먹이가 없으면 살 수 없어서 제 몸속 지방과 단백질을 축내는 생활에 의지하다가, 결국 제 몸을 먹음(self-cannibalisation)으로써 죽게 된다.

딸기독화살개구리

이 개구리는 어린 개구리들을 위해서 대단히 높은 곳까지 기어오르는 것으로 알려져 있다. 이 어미 개구리는 코스타리카

우림 바닥(임상층)에 알을 낳고, 알이 부화하자마자 파인애플과 식물의 잎 안쪽에 으레 고여 있는 물웅덩이에 올챙이를 하나씩 따로 옮긴다. 가끔은 우림 위층(임관층)에서 제일 키가 큰 나무 꼭대기까지 올챙이들을 옮겨야 한다. 올챙이들이 변태하여 새끼 개구리가 될 때까지 먹이를 먹이느라, 이 어미 개구리는 각각의 올챙이에게 제가 낳은 미수정된 알들을 하나씩 먹인다.

범고래

여러분이 잠을 좋아한다면 어미 범고래는 되고 싶지 않을지도 모른다. 어미 범고래는 새끼 범고래가 태어난 후에는 정말 말 그대로 쉴 시간이 없다. 새끼 범고래의 생애 첫 한 달 동안 어미 범고래는 잠을 희생하는데, 선택에 의해서가 아니라 갓 태어난 범고래가 그 한 달 동안 자지 않기 때문이다. 그 대신 어미 범고래는 계속 유영하면서 새끼 범고래가 포식자를 피하는 일뿐만 아니라 중요한 지방 저장과 근육 강화하는 일까지 잘할 수 있도록 돕는다. 심지어 일부 어미 범고래는 평생 동안 제 무리(pod)와 함께하는 것으로 알려져 있다. 즉 어미와 자식 범고래들이 언제나 함께한다는 뜻이다. 그런데 그렇게 해서 이로울 것이 없지 않은가?

타이타 아프리카 무족영원(Taita African caecilian, Boulengerula taitana)

동물계의 수많은 어미 동물들은 흔히 하는 말처럼, 할 수만 있다면 새끼 동물을 위해 제 등가죽도 벗겨줄 것이다. 사실, 타이타 아프리카 무족영원에게 이 말은 그저 표현에 그치지 않는다. 이 동물은 말 그대로 행동한다. 어미는 일단 산란한 알의 부화가 끝나자마자, 어린 자식들이 먹도록 영양분이 풍부한 피부층을 추가로 자라게 한다. 새끼 동물이 독립적으로 어미가 아니라 저만의 먹이원을 찾을 때까지 이 여분의 피부층은 사흘에 한 번씩 다시 자란다.

앨리게이터

앨리게이터는 여러분을 가장 신속하게 죽음의 문턱에 데려다놓을 수 있는 동물들 중 하나이지만, 새끼 돌보기에 관해서는 무척이나 마음씨가 고운 동물이기도 하다. 어미 앨리게이터는 지극히 배려심이 많다. 일단 알이 부화되어 정식으로 새 생명이 이 세상에 나왔으면, 어미 앨리게이터는 이 갓 태어난 새끼들을 모두 턱 안에 집어넣고 물가로 안전하게 옮긴다. 불행하게도 새끼 앨리게이터들의 80퍼센트는 포식자에게 희생되기 때문에, 앨리게이터는 반드시 자식들이 적어도 2년 동안은 제 곁에 머물게 한다. 어미 앨리게이터는 이 기간 동안 새끼들을 보호하기 위해 제가 할 수 있는 모든 것을 한다. 그래서 비록 새끼들 대부분이 죽기는 하지만, 어미는 새끼 돌보기에 그야말로 최선을 다한다. 이 점이 내가 이 목록에 앨리게이터가 오를 자격이 있다고 여기는 이유다.

코뿔새

어미 코뿔새는 새끼들의 안전과 보호에 관한 한 느긋한 법이 없다. 코뿔새의 둥지는 가장 안전한 장소 안에 위치한다. 어미 코뿔새는 으레 나무의 구멍 난 부분 안쪽에 둥지를 지은 다음, 이중 보호 장치로, 알을 낳고 품을 시간이 되면 이 어미 새는 열매와 진흙을 이용하여 자신과 태어날 새끼들을 나무 구멍 안에 가둔다. 이때 아비 새가 먹이를 슬쩍 집어넣을 만한 작은 구멍은 남겨둔다.

파티광 동물들

Party animals

돌려 말하지 않겠다. 이번에는 얼마나 다양한 동물 종들이 도취되는지에 대한 내용이다.

왈라비는 양귀비 중독이다

왈라비에 대해 이야기해보자. 이 동물의 중독 증상은 오스트레일리아에서 양귀비 농장주들에게 처음 발견되었다. 이들은 제약산업에 쓰이는 양귀비를 기르고 있었는데, 이상하게도 농지에서 훼손된 작물들이 거슬리기 시작했다. 양귀비밭이 거대한 원형 자국으로 꽉 채워지자 농장주들은 이 자국을 보고 ET의 우주 모함이 착륙한 것으로 생각했다. 참고로, 틀린 생각이다. 왈라비가 다량의 양귀비를 먹으려고 밭에 침입했었던 모양인데, 이 양귀비가 왈라비들이 원을 그리며 계속해서 깡충깡충 뛸 수밖에 없는 지경까지 거나하게 취하게 만들었던 것이다. 그러니까 이 거대한 원 자국은 한 번에 만들어진 것이 아니었다. 일단 황홀경을 맛보았으니 왈라비들은 양귀비를 찾고 또 찾지 않고는 좀이 쑤셔 견딜 수가 없었고, 그래서 더욱더 심한 훼손을 유발한 것이었다.

검은리머는 독에 도취된다

검은리머는 약간의 쾌락을 위해 정말 그야말로 모든 것을 건다. 실은, 이 동물은 거대한 노래기의 머리를 물어뜯는 것으로 알려졌는데, 먹이로서가 아니라 노래기가 실제로 독성이 있기 때문이다. 일단 노래기 머리가 찢어지면 사이안화물을 포함된 얼마간의 방어 독소가 분비된다. 검은리머가 노래기를 삼키면 노래기가 상처 입는 것은 놀랄 일이 아니나, 검은리머는 노래기의 방어 독소를 제 몸에 문지르면 도취된다는 사실을 알아냈다. 어느 검은리머가 이런 자각을 하게 되었는지는 모르겠지만 내게는 이 상황이 정말 재미있다. 화학물질들이 일단 검은리머 몸에 퍼지면 마약처럼 작용한다. 그래서 만약 리머가 지루하거나 아니면 오히려 스트레스를 받는다는 생각이 들면 밖으로 나가 노래기를 찾을 시간이 된 것이다.

말도 은밀하게 중독된 것이 있다

말은 멈추어야 할 때를 모른다. 로코초는 미국 서부에 서식하는 대략 20가지 풀들을 아우르는 하나의 식물군이다. 로코초는 겨우내 자라서 근처의 말들에게 '매력적인' 먹이가 되어왔다. 일단 말이 로코초를 서너 차례 맛보았으면 여름과 봄 그리고 가을에 정기적으로 이 풀을 찾아온다. 말들은 심하게 중독되어간다. 더욱이 내가 '심하게'라고 말할 때에는 정말 그렇다는 뜻인데, 로코초에 독성이 있기 때문이다. 중독된 말들은 말 그대로 죽을 때까지 몇 년에 걸쳐 로코초를 먹고 있다. 미국의 어떤 지역들에서는 말의 로코초 중독을 치료하는 데 주력하는 전용 부지들이 있을 만큼 이는 심각한 문제가 되었다.

새들은 제 나름대로 마약을 제조할 수 있다

조류의 일부 종들은 동물판 〈브레이킹 배드〉의 주역들이다. 그렇다, 새들은 본질적으로 새로운 혼합물을 '요리할' 수 있다. 어치, 레이븐, 대륙검은지빠귀, 그리고 앵무새와 같은 종들은 활발히 개미를 으깨서 깃털 속에 넣는 모습이 관찰되어 왔다. 일단 이 새들이 죽은 개미들로 뒤덮이면, 그 개미들을 털어내기까지 길게는 한 시간 반을 으레 빙빙 돈다. 원래는 일일이 솎아내야 했을지도 모를 기생충을 한번에 쓸어내는 데에 개미들이 분비했던 폼산(개미산)을 이용하기 위해 이 새들이 그렇게 행동한다고 여겨졌다. 집에서 기르는 까치가 벌레들을 담배 재에 굴리고 난 후 그 벌레들을 제 몸에 얹는 모습이 관찰되기 전까지는 그렇게 믿었다. 본질적으로, 이렇게 다양한 혼합물은 새들을 중독시키는 데 이용되는 셈이다.

동물은 제 몸에 도취될 수도 있다

이번에는 도취되기 위해 좀 더 극단적인 시도를 하는 경우다. 동물들을 도취시킬 수 있는 신체적 물질이 부재한 상황에서 조류와 설치류의 일부 종들은 제 심장을 반복적으로 세게 때림으로써 '셀프-마약 복용' 방식으로 제 나름대로 생리학적 황홀경을 강구한다. 과학자들은 동물들이 다른 고통을 애써 누그러뜨리기 위해 심장을 때리는 것인지, 아니면 이런 행동이 동물을 '기분 좋게' 만드는 엔도르핀을 방출시키는 것인지 완전히 확신하지는 않는다고 말한 바 있다.

불곰(Brown bear, 큰곰)은 도취의 다음 단계를 위해 무슨 짓이든 하려고 한다

곰은 도취되는 나름의 방식을 갖고 있다고 밝혀져 있다. 구체적으로 말하면, 러시아 극동 지역의 크로노츠키 자연보호 구역에 서식하는 불곰들은 제트기 연료에 중독되어 보인다. 한 사진작가는 일곱 달을 불곰들 군집을 기록하며 보냈다. 이 불곰들은 폐기된 빈 배럴 통을 갖고 놀다가, 코를 벌름거리며 가솔린과 등유 냄새를 맡고 나중에는 매연에 도취된다. 불곰들은 도취의 다음 단계를 맛보려고 헬리콥터에 몰래 따라다니는 지경에 이르렀다. 헬리콥터가 이착륙할 때 흙 위로 연료가 새어 나오기를 참을성 있게 기다리는 것이다.

코끼리는 어려서부터 약을 배운다

부모 코끼리는 나쁜 영향을 끼치는 존재일 수도 있다. 이전에 내가 코끼리에 대해 바람직하다고 말한 것은 알지만, 코끼리는 이상한 환각 체험을 즐기긴 즐긴다. 코끼리 집단들은 이보가 식물 주변에 모이는 것으로 알려졌다. 이 식물은 우림 지대에서 발견되는 중앙아프리카 토종의 상록 저목이자 강력한 환각 유발제이기도 하다. 코끼리는 이보가를 먹으려 한다. 직설적으로 말해서 약에 완전히 절어 있으려 한다. 하지만 문제는 거기서 끝나지 않는다. 대개 코끼리들은 제 집단에서 제일 나이 많고 경험 많은 구성원들에게 이끌려 온다. 바로 코끼리들은 가르치는 사회를 이루고 있기 때문이다. 특히나 어린 코끼리는 더 나이 많은 구성원들을 우러러보며 앞으로 꼭 필요한 기술을 배운다. 그리고 내 생각에는 그 기술들 중 하나가 완전히 정신 나가게 하는 법일 것이다.

개미들은 마약을 몹시 애지중지하게 될 수도 있다

인간과 비슷하게도, 누군가가 제 것이 아닌 개미들용 마약을 가져가려고 하면 개미들은 매우 공격적으로 나온다. 아카시아 나무는 개미 무리가 보호한다고 알려졌는데, 왜 그런 것일까? 아카시아 나무에서 설탕 시럽이 나오기 때문이다. 언뜻 보기에 여러분은 시럽이 영양가가 있다고만 생각할지 모르겠으나, 최근 과학자들은 이 시럽에 심한 중독성도 있다는 사실을 알아냈다. 개미들은 한 점 부끄럼 없이 마음껏 이 중독에 빠져드는데, 만약 어떤 동물이 아카시아 나무를 위협하려고 한다면 개미들은 저보다 더 큰 동물이라 하더라도 공격할 것이다.

새들은 도취의 다음 단계로 자극되는 법을 알고 있다

열렬하게 자극을 추구하는 존재인 새들 이야기로 다시 한 번

돌아가자. 온갖 종류의 새들은 땅에 떨어진 상태 그대로 발효된 과일을 먹을 때 들려오는 기포 소리를 즐기는 것으로 보인다. 그리고 사람이 술김에 절대 운전하지 않는 것처럼 새들은 절대 취한 상태로 날면 안 된다. 도취된 새들은 종종 방향을 찾고, 속도를 조절하고, 심지어 정지하는 능력을 잃어버리기 때문이다. 위험 요소는 그것만이 아니다. 많은 새들이 신체적으로 간이 너무 작기 때문에, 알코올 과다복용으로 정말 쉽사리 죽는다. 다행스럽게도 황여새 같은 종들은 간이 더 커서, 발효된 장과류에 대한 이 새들의 내성은 약간 더 높아진다.

재규어는 도취 상태일 때 사냥 실력이 더 좋아진다

아마존 우림의 무시무시한 대형 고양잇과 동물인 재규어에 대해서 이야기해보자. 재규어는 도취되고 구역질나는 식물인 아야와스카의 껍질, 잎, 그리고 덩굴줄기를 씹는 것으로 알려졌다. 이 식물을 먹으면 동공 확장을 유발하는 것으로 관찰되었으며, 재규어가 사냥감의 뒤를 밟을 때 이 식물을 이용한다는 학설이 제기된 상태다. 아야와스카를 먹으면 재규어의 감각적 인식이 강화되어 사냥 실력이 더 좋아진다는 논리다. 본질적으로 이 식물은 동물계의 경기력 향상 약물인 셈이다.

돌고래에겐 나름의 도취 비결이 있다

대부분의 사람들은 우아함이 압권인 해양 동물, 돌고래를 좋아한다. 하지만 나는 이제부터 이 동물이 기분전환을 위해 사용하는 약물에 대해 말함으로써 돌고래에 대한 여러분의 인식을 완전히 망쳐놓을 참이다. 그렇다, 읽은 그대로다, 실제로 돌고래는 복어에서 방출되는 신경독에 도취된다. 소량섭취 시 이 독성은 최면 효과를 낸다. 그래서 돌고래들은 복어를 잘근잘근 씹은 후 돌고래들 사이로 지나가게 놓아준다.

CHAPTER 8:

음식

음식은 우리 모두가
매일같이 먹는 것인데,
혹시 음식 속 구체적인 성분이나
여러분이 먹는 음식이
실제로 어디에서 온 것인지
생각해본 적 있는가?
만약 여러분이 음식을
좋아한다고 한다면, 여러분은
이 장을 좋아하지 않을 것이다.
시작하기에 앞서
비위 상하지 않기를 빈다.

잘 알려진 사실들

General facts

핫초코의 기원

거의 어디에서나 즐기는 음료인 핫초코는 아주 긴 세월, 아마 여러분이 생각하는 것보다 더 긴 세월 동안 우리 곁에 있어왔다. 마야와 아즈텍 문명은 핫초코를 만든 최초의 문화로 알려져 있다. 처음에는 혼례식을 포함해서, 종교 의식에도 쓰였다.

꿀은 여러분이 생각하는 꿀이 아니다

꿀은 기본적으로 벌의 구토물이다. 벌들에게는 다양한 역할들이 있는데, 가장 중요한 역할 중 하나가 먹이 채집이다. 먹이를 채집하는 벌(forager bee, 먹이 조달자)은 현화식물에서 넥타(nectar, 꽃꿀)를 모은다. 다만, 이 채집물을 모두 등에 짊어지고 갈 수가 없다. 그래서 먹이 채집 벌들은 넥타를 마셔서 '밀위(honey stomach, 꿀주머니)'에 넣어둔다. 이 벌들이 벌집으로 돌아오면 벌집 입구 가까이 배치되어 있는 먹이를 가공하는 벌(processor bee)의 밀위 속에 넥타를 역류시키고, 먹이 가공 벌은 그 넥타를 숙성되도록 벌집 속에 역류시킨다.

양념이 너무 세면 도취될 수도 있다

대부분의 환각제는 사용이 금지되어 있지만, 여러분 음식에
들어 있을지도 모를 환각제가 하나 있는데, 여러분이 이 사
실을 모를 수도 있다. 넛멧(육두구)은 환각을 유발할 수 있는
화합물, 즉 엄밀하게 말해서 환각제다. 넛멧 속 화합물들은
미리스티신과 사프롤인데, 두 물질 모두 다양한 불법 합성
약물에 사용된다.

피넛버터는 폭발할 수도 있다

나쁜 목적을 가진 사람 손에 들어가면 여러분이 찬장에 보관

하는 땅콩이 건강 간식에서 생명을 앗아가는 다이너마이트가 될 수도 있다. 농담이 아니다. 땅콩에는 글리세롤이라 알려진 기름이 함유되어 있는데, 이 기름은 다이너마이트의 주요 성분인 나이트로글리세린을 만드는 데 쓰인다.

영국 사람들은 티백을 발명하지 않았다

세계적으로 영국 사람들은 티에 집착하는 것으로 알려져 있다. 그러니 여러분이 티백이 영국에서 발명되었다고 생각하는 것도 무리는 아니다. 하지만 사실 티백은 토머스 설리반이라는 이름의 미국 남성이 발명했으며, 그는 이 음료에 대변혁을 일으켰다. 그는 비단 주머니에 상품 샘플을 넣어 보냈는데, 그조차 놀랍게도 사람들이 그 비단 주머니를 찻주전자에 집어넣기 시작한 것이었다. 그렇게 해서 티백이 세상에 나오게 되었다. 이렇게 맛 좋은 음료가 행복한 우연의 산물인 줄 누가 알았겠는가?

여러분은 세계에서 가장 비싼 선데이 아이스크림을 뉴욕에서 살 수 있다

우리 모두 선데이 아이스크림을 사랑하지만, 이 아이스크림

을 위해 얼마나 지불할 생각이 있는가? 어쨌든 내가 장담하
는데, 여러분 대다수는 세런디피티 3 레스토랑의 골든 오퓰
런스 선데이(Golden Opulence Sundae)만큼 지불하고 싶진 않을
것이다. 이 메뉴에는 23캐럿짜리 금 잎 장식, 아몬드, 그리고
캐비아가 올라가 있는 타히티 바닐라 아이스크림에 설탕 옷
을 입힌 난초까지 곁들였다. 만약 이 메뉴를 포장해 가고 싶
다면 두둑한 현금과 함께 할 일 없는 시간이 좀 필요할 것이
다. 만드는 데 길게는 여덟 시간이 걸리는 데다가 18캐럿 금
수저와 함께 내용물이 바카라 크리스털 고블릿 잔에 담겨 나
오기 때문이다. 전부 합쳐 1,000달러가 부과되며 48시간 전
에 주문해야 한다.

과거에 프레첼은 낭만적인 음식이었다

17세기 동안 프레첼은 불
멸의 사랑을 상징하는 데
사용되었다. 너무나도 많
이 사용된 터라 1614년에
스위스의 한 왕족 부부는
결혼식 때에 당시의 결혼

증명서를 묶는 데 프레첼을 사용했다. 많은 역사학자는 여기에서 결혼한다는 의미의 '매듭을 묶다(tie the knot)'가 유래되었다고 믿는다.

랜치 드레싱은 자외선 차단제일 뿐이다

랜치 드레싱에 예상외 성분이 들어 있다는 사실을 알고 있었는가? 랜치 드레싱에는 산화타이타늄이 들어 있는데, 이 물질은 우리 모두 익히 잘 아는 밝은 하얀색을 내기 위해 실제로 자외선 차단제에 사용되는 물질이다.

케첩은 한때 대중적인 약물이었다

케첩이 항상 감자튀김을 위한 맛 좋은 소스이기만 한 것은 아니었다. 1830년대에 케첩은 약효 성분을 지니고 있다고 알려졌다. 사람들은 케첩이 설사, 소화불량, 황달, 그리고 류머티즘을 고칠 수도 있다고 믿었고 그래서 대량 소비되었다.

화이트 초콜릿은 사실 초콜릿이 아니다

밀크, 다크, 혹은 화이트 중 어느 초콜릿이 더 좋은가? 어쨌든 화이트 초콜릿 애호가들에게는 다소 곤란한 소식이 있다. 사실 화이트 초콜릿은 완전한 초콜릿이 아니다. 화이트 초콜릿에는 다크 초콜릿의 카카오 고형물이 들어 있지 않다. 즉 화이트 초콜릿은 진정한 초콜릿으로 분류될 수 없다는 뜻이다.

당근에는 흥미로운 부작용이 있다

어릴 적에 우리는 시력 향상에 도움이 될 수 있으니 당근 먹으라는 소리를 항상 들었다. 하지만 그것은 미신일 뿐, 당근은 여러분 피부를 주황색으로 변하게 할 수도 있다. 다수의 연구에서 밝혀진 바에 따르면, 당근을 과다 섭취하면 피부색이 점차 불그스름한 노란색으로 변할 수도 있다. 이 현상은 카로틴혈증으로 알려져 있으며 신체적으로 무해하다. 다만 정신적으로는 약간 손해다. 여러분이 거울을 들여다볼 때마다 움파룸파(〈찰리와 초콜릿 공장〉에 나오는 주황색 얼굴의 난쟁이들-역주)가 된 듯한 기분을 느낄 것이기 때문이다.

고대 그리스인들에게는 나무 맛 추잉 껌이 있었다

추잉 껌과 자작나무 껍질 중 여러분은 무엇을 더 선호하겠는가? 여하튼 여러분이 얼추 9,000년 전에 유럽에 살았다면 껌이라는 형태를 접했을 테지만, 그 껌은 자작나무 껍질이었을 것이다. 만약 여러분이 고대 그리스에 살았다면 유향수 수지로 만들어진 유향수 껌을 씹었을 것이다. 유향수 껌에는 소독 성분이 함유되어 있었는데, 그래서 건강한 구강 상태를 유지시켜준다고 믿었다.

여러분은 누가 원조 솜사탕을 발명했는지 절대 짐작하지 못할 것이다

원조 솜사탕(candy floss, 사탕 실)에는 설탕이 많이 들어 있으므로 여러분은 이것을 창안했을 법한 사람이 절대 치과의사는 아니리라고 생각할 것이다. 하지만 사실은 치과의사가 정확히 맞다. 1897년에 한 치과의사는 제과업자와 동업하여 원조 솜사탕, 즉 사탕 실을 창작해냈는데, 이것은 원래 '요정의 솜(fairy floss)'이라고 불렸다. 수십 년 뒤 1921년에 또 다른 치과의사가 요정의 솜 기계와 비슷한 기계를 만들어내고 그 사탕 실을 '솜사탕'이라 부른 결과, 솜사탕이 요정의 솜보다 훨씬 더 크게 유행했던 것이다.

막대사탕은 수천 년 동안 우리 곁에 있어왔다

역사학자들 사이에는 한 가지 속설이 있다. 원시인들이 나뭇

가지로 꿀벌집에서 꿀을 모으는 행동에서 막대사탕이 발명되었다는 것이다.

우주에서 미국인이 처음 먹은 음식은 사과 소스였다

1962년에 머큐리 계획의 프렌드십 7호 우주선이 성공적으로 궤도에 도착한 후, 미국인 우주 비행사 존 글렌은 튜브에 든 사과 소스를 먹었다.

우주에서의 첫 번째 식사는 2단계 코스 요리였다

존 글렌은 우주에서 식사를 한 최초의 인물이 아니었다. 그 영광은 1961년 4월에 보스토크 1호에 승선하여 지구 궤도비행을 했을 당시의 유리 알렉세에비치 가가린에게 돌아간다.

그는 튜브에서 소고기와 간 페이스트를 짜서 먹은 뒤 디저트로 초콜릿 소스를 먹었다.

초콜릿칩 쿠키는 우연히 발명되었다

초콜릿칩 쿠키만큼 완전무결한 대상은 순전히 신중과 결의에서 창조되었으리라 생각할 것이다. 하지만 이것은 사실이 아니다. 전설의 초콜릿칩 쿠키의 창조는 우연의 산물이었다. 일부 사람들은 루스 워크필드라 불리는 누군가가 아이스크림 쿠키에 넣을 견과가 다 떨어져서 대신에 초콜릿 덩어리들을 사용했을지도 모른다고 생각했다. 다른 가설은 산업용 믹서기 속으로 초콜릿 덩어리들이 떨어졌다는 것이다. 하지만 이 두 가설 모두 확인되지 않은 소문으로 남았다.

마르게리타 피자가 감사해야 할 여왕이 있다

마르게리타 피자는 여왕의 이름을 따서 명명되었다. 1889년에 움베르토 1세와 마르게리타 여왕이 나폴리를 방문했다. 나폴리에 있는 동안 그들은 화려한 음식에 질려 피자를 요청했다. 그런데 그 당시 피자는 가난한 사람들을 위한 음식이었다. 여왕은 모차렐라 피자를 내접받았는데, 그 위에는 부드러운 흰 치즈, 토마토, 그리고 바질이 얹혀 있었다. 여왕이 그 피자를 무척 맘에 들어 했기에 그 후로는 계속 마르게리타 피자로 알려졌다.

엄밀히 말해서 바나나는 방사성을 띤다

이것은 바나나에 칼륨이 너무나 풍부하다는 사실에서 기인한다. 인정한다, 하지만 인간이 바나나보다 칼륨을 더 많이 함유하고 있다. 이는 우리 인간이 방사성을 훨씬 더 많이 띤다는 것을 의미한다.

우리가 먹는 음식물에는 사이안화물이 들어 있다

리마빈과 사이안화물은 우리가 동일한 문장에서 함께 보지 않기를 바라는 두 대상이지만, 실제로 생 리마빈에는 다량의 사이안화물이 함유되어 있으며, 그 양은 인간에게 치명적이다. 하지만 너무 걱정하지 마라. 리마빈이 완전히 조리되기만 하면 먹기에 완전히 안전하다.

수박은 과일이 아니다

오클라호마주에서 수박은 공식적으로 채소다. 맞다, 수박은

박과의 일부로서, 오이와 호박도 이 과에 포함되기 때문에 일부 사람들은 수박이 틀림없이 채소라고 생각한다. 하지만 만약 여러분이 식물학자에게 묻는다면, 이번 여름 수확된 수박은 과일이라고 말할 것이다.

과일은 역으로 우리를 먹는다

우리는 항상 과일을 먹는데, 만약 역으로 우리를 먹는 어떤 과일이 존재한다고 하면 믿을 텐가? 파인애플에는 브로멜린으로 알려진 단백질 분해 효소가 들어 있다. 따라서 여러분이 파인애플을 먹은 후 입속에서 톡 쏘거나 얼얼한 느낌이 들면, 그 느낌은 방금 여러분이 먹은 파인애플이 여러분의 단백질 중 일부를 분해하고 있는 것이다. 내가 먹은 파인애플이 역으로 나를 먹는 중이라는 것이다.

여러분은 발을 통해 음식을 맛볼 수도 있다

만약 여러분이 마늘 한 포대 안에 발을 집어넣고 들이쑤신다면, 마늘 냄새를 맡을 수 있을 것이다. 그 이유는 여러분 발에 특별한 미뢰가 있기 때문이 아니라, 아주 독특한 마늘 향을 책임지는 알리신 분자가 발의 피부를 뚫고 혈류를 통과해서

257

코와 입으로 이동하여 여러분이 마늘 냄새를 맡도록 만들기 때문이다.

여러분은 땅콩버터를 다이아몬드로 바뀌게 할 수 있을지도 모른다

만약 집에 땅콩버터 한 병이 있다면, 여러분은 그 땅콩버터를 다이아몬드로 바꿀 수 있을지도 모른다. 알다시피 다이아몬드는 탄소 원자가 고온 고압에 놓일 때 형성되므로, 상대적으로 탄소 함유량이 높은 땅콩버터는 정확한 조건 아래에서 다이아몬드를 형성할 수 있을지도 모른다. 인정한다, 다이아몬드를 얻는 과정은 느리며 매우 골치 아프다는 것을. 독일 바이에른 지질학 연구소(Bayerisches Geoinstitut)의 프로스트라 불리는 한 과학자는 고밀도 땅콩버터에서 다이아몬드를 만들어내는 시도를 했는데, 상당량의 수소 기체가 방출되어 실험을 망치게 되었다. 그는 이 현상이 '땅콩버터가 다이아몬드로 전환되고 난 후에' 일어났던 것뿐이라고 말한다.

버섯은 여러분의 조상이다

만약 버섯이 식물보다 인간과의 유연 관계가 더 가깝다고 하면 믿을 텐가? 동물류와 버섯류는 놀랍게도 공통 조상을 두었다. 공통 조상을 둔 부류가 대충 10억 년 전에 식물에서 먼저 분리되었으며, 동물류와 버섯류가 분리된 것은 그 이후다. 이 점 때문에 두 부류는 식물보다 서로의 유연 관계가 더 가깝다.

마운틴 듀는 술에 타 마시는 희석 음료로 발명되었다

마운틴 듀는 원래 탄산음료로 만들어진 것이 아니었다. 그보다는 위스키를 희석하기 위한 음료로 발명되었다. 이 음료는 테네시주의 스모키산 속에서 바니와 알리 하트만 형제가 개발했다. '마운틴 듀'라는 이름은 원래 밀주를 부르는 별칭이었는데, 하트만 형제는 자신들 제품을 독주와 섞었을 때 위스키 맛이 난다고 농담하며 여기에 그 별칭을 붙이기로 한 것이었다. 그런데 그 당시 마운틴 듀와 오늘날 우리가 익히 알고 정말 좋아하는 그 음료 사이에는 약간의 차이가 존재했다. 그 당시 마운틴 듀는 투명하고 카페인이 없는 레몬 및 라임 향의 음료수로서 오늘날 마운틴 듀보다 스프라이트와 더 비슷한 점이 많았다.

홍조류는 흔히 쓰는 재료다

여러분은 이 사실을 모르고 있을 수도 있겠지만, 홍조류는 우리가 익히 알고 정말 좋아하는 유제품들 중 상당 부분에 쓰이고 있다. 요거트, 사워크림, 아이스크림, 그리고 코티지 치즈는 그런 유제품들 중 일부에 불과하다. 홍조류는 유제품에서 확인할 수 있는 카라지난으로 알려진 천연 식물 섬유를 함유하고 있다. 카라지난은 유제품의 농후제 및 안정제 성분으로 쓰인다.

음식과 관련된 충격적인 사실

Horrifying food facts

땅콩버터에는 곤충이 딸려 들어가기 마련이다

전형적인 땅콩버터 병에는 하나 혹은 그 이상의 설치류 털이 들어 있어도 된다. 병에 100그램당 평균 30개 혹은 그 이상의 곤충 조각들이 포함되어야 소비자 건강을 위협할 만큼 비위생적이라고 간주된다.

다시는 예전과 똑같이 굴을 쳐다보지 못할 것이다

여러분이 생굴을 먹을 때 그 굴은 아직 살아 있는 상태다. 산 채로 먹는 이유는 굴이 상당히 빨리 상하기 때문이다. 즉 레스토랑에서 가능한 한 신선하게 굴을 우리에게 제공한다는 뜻이다. 일단 굴이 죽으면  박테리아 때문에 굴은 더 이상 먹기 안전한 상태가 아니게 된다.

바닐라 아이스크림에 든 천연 감미료 기원이 희한하다

민트 초코칩, 초콜릿, 딸기 가운데 여러분이 좋아하는 아이스크림 맛은 무엇인가? 여러분의 선택이 바닐라 맛이라면, 아마 이 사실은 알고 있는 게 좋을 것이다. 여러분이 좋아하는 바닐라 맛 간식의 상당수는 해리향(castoreum, 캐스토리움)이라 불리는 성분이 곁들어져 만들어진다. 해리향은 성분표에 '천연 향료'로 표시되는데, 이 성분이 어디서 유래하는지 잠시 생각해본 적 있는가? 아마 없을 것이다, 그렇지 않은가? 어쨌든 해리향은 비버의 선낭에 있는 향 분비샘에서 나오는데, 사실상 이 조직은 비버의 항문 근처에 있다.

버섯 캔에는 뜻밖의 비밀이 감춰져 있다

어떤 이유에서인지 동물들 그리고 동물 부위들은 으레 우리가 먹는 음식에 흘러 들어오게 되는 듯하다. 땅콩버터에 대해 이야기했는데, 이는 버섯 캔에도 적용된다. 한 번 더 말하자면, 인체에 무해하다는 기준은 미국 식품의약국 안전 규칙에 따른 것이다. 버섯 캔에는 수분이 제거된 버섯과 적정 용액 100그램을 기준으로 크기 상관없이 20마리 혹은 그 이상을 웃도는 구더기가 들어 있어도 된다.

핫도그 속에 극미량의…

핫도그에 대해 잠깐 이야기해보자. 이번 내용에 대해서는 나조차도 감정이 상한다. 2015년에 클리어 랩스라는 회사가 핫도그를 둘러싼 심각한 혐의점을 발표했다. 검사를 거친 핫도그들 중 2퍼센트에 극미량의 인간 DNA가 들어 있다는 내용이었다. 지금은 다행스럽게도 이에 대한 뉴스 제목에 오해의 소지가 있다고 판명되었지만, 그렇다고 핫도그가 그 혐의에서 완전히 자유롭다는 뜻은 아니다. 사실, 검수된 제품을 통해 핫도그에 극미량의 인간 머리카락, 피부, 그리고 손톱이 포함되어 있음이 드러나긴 했기 때문이다. 더 심각한 점은 '채식주의자용' 상표가 붙어 있는, 검사를 거친 핫도그들 중 10퍼센트에는 진짜 육류가 들어 있었다는 사실이다.

젤리빈 색에 대한 비밀이 있다

젤리빈과 그 밖에 다른 윤기 나는 사탕류는 공통적으로 곤충의 분비물로 코팅되어 있다. 그렇다, 여러분이 읽은 그대로다. 특정 사탕에는 셸락이 함유되어 있는데, 이 셸락은 인도와 태국에 주로 서식하는 연지충(Kerria lacca)이라 불리는 벌레 암컷이 분비하는 천연 수지를 가공하여 딱딱하게 만드는 것이다. 식품 회사들은 이 딱딱한 셸락 판 조각들을 에탄올에 용해한 후 이것을 사탕 위에 바르는 염색제와 식용 유약제로 사용한다. 여러분이 사탕에 셸락이 없다는 것을 확인하고 싶다면, 식품 성분표에 셸락 성분이 때때로 '제과용 유약' 혹은 '식품 첨가물 번호 E904'로 기재되어 있다는 것만 기억하면 된다.

음료수에도 벌레가 들어 있다

여러분이 식품 라벨을 살펴보다가 거기에 '카르민' 혹은 '내추럴 레드 4'라고 쓰여 있으면, 기본적으로 적색 식용색소가 들어 있다는 뜻이다. 그런데 그 색소는 딱정벌레류인 코치닐을 분말로 만들어 끓인 것에서 추출한다. 스타벅스는 2012년, 딸기 크림 프라푸치노 같은 음료 안에 코치닐 추출물이 들어 있다는 사실이 대중에게 알려지기 전까지 이 성분을 사용했다. 이 색소가 사용되는 다른 음식들로는 케첩, 시럽, 인공 게살, 아이스크림, 요거트, 그리고 레드 벨벳 케이크가 있다.

다시는 예전과 똑같이 젤리를 쳐다보지 못할 것이다

젤리를 먹다니 못할 짓이다. 솔직히 심히 너무 귀엽기 때문이다. 젤리 속에 든 주요 성분들 중 하나는 젤라틴이다. 이 성분은 사실상 무색 무맛의 수용성 단백질로서 콜라겐에서 유래한다. 밝혀진 바에 따르면, 실제로 콜라겐은 동물, 그러니까 대개 돼지와 소의 피부, 뼈, 그리고 여러 조직에서 추출된다. 이 사실 때문에 젤리는 내가 알던 젤리가 아니다.

과일에는 말벌 사체가 들어 있다

여러분은 무화과가 과일이 아니라는 사실을 알고 있었는가? 무화과는 사실 겉과 속이 뒤집혀 내부에서 핀 꽃이다. 그리고 그 꽃 안에는 죽은 말벌이 적어도 한 마리 갇혀 있다. 사람들은 무화과 암꽃만 먹는다. 말벌이 무화과 수꽃 속에 알을 낳는다고 알려져 있기 때문이다. 알을 낳은 말벌은 새끼 말벌들이 굴을 파고 나가 한살이를 시작하리라 믿으며 무화과 속에서 죽음에 이른다. 하지만 모든 일이 그렇듯 이 과정이 항상 완벽하지는 않아서, 말벌은 때때로 무화과를 잘못 찾아 들어갈 수도 있다. 다행히도 이런 경우를 대비해서 무화과에는 말벌 사체를 분해해 단백질로 전환시키는 피신이라는 효소가 있다. 인정한다, 여러분이 무화과를 먹더라도 말벌 잔해는 알아보기 힘들 정도로 엄청나게 작다는 것을. 하지만 이제 여러분은 그 잔해들이 거기 있을지도 모른다는 사실을 안 것이다.

CHAPTER 9:

의외로 알아두면
좋은 사실들

이 장은 거의 현실성 없고
믿기 어려운 여러 상황들과
그 상황에서 정말 여러분을 구해줄지도
모르는 사실들로 가득하다.
언젠가 여러분이 이런
비상 상황들 가운데 한 경우에 처한
자신을 발견하게 된다면,
어떻게 하면 살아남아 무용담을
풀어놓을 수 있을지
책을 읽으면서 그 방법을 찾아보자.

언젠가 여러분 생명을 구할 수도 있는 사실들

Facts that could save your life one day

항공기 추락 시 하지 말아야 하는 행동

만약 여러분이 탄 항공기가 바다로 추락한다면, 밖으로 나오기 전에는 구명조끼를 부풀리면 안 된다. 안 그러면 물이 차오르면서 비행기 안에 갇힐지도 모른다.

생존을 위한 아주 중요한 원칙들은 숫자 3으로 나타난다

생존에 관한 한 이 규칙들을 항상 염두에 두어야 한다. 여러분은 공기 없이 3분, 대피소 없이 3시간, 물 없이 3일, 그리고 먹을 것 없이 3주를 버틸 수 있다.

홀로 있는 보조견을 따라가라

만약 어느 때고 보조견이 주인 없이 홀로 여러분에게 다가온다면, 여러분이 취할 수 있는 가장 좋은 행동은 그 녀석을 따라가는 것이다. 그러면 이내 보조견은 여러분을 곤경에 빠진 제 주인에게 데리고 갈지도 모르며, 여러분이 그의 생명을 구할 수도 있다.

유럽연합에는 '구조 요청'을 위한 통합 전화번호가 있다

만약 여러분이 유럽에 있고 구조를 요청해야 하는 상황이라면, 그 나라의 긴급전화번호를 모를 수도 있을 것이다. 확실치 않으면 112에 걸어라. 이 번호는 유럽연합 긴급전화번호로서 자동으로 여러분을 가장 가까운 기관의 전화선으로 연결시켜줄 것이다.

바닷물에 몸을 담그고 있다면 사각파를 피하라

만약 여러분이 어느 때고 바다에서 수영하는 중에 사각파가 나타나기 시작하는 것을 목격한다면, 침착하게 가능한 한 신속히 물에서 빠져나와야 한다. 진정한 위험은 그 파랑 아래 도사리고 있다. 사각파는 여러분을 아래로 끌어당겨 즉사시키는 대단히 강한 해류다. 이 위험한 해류는 두 종류의 파랑계(wave system)가 만날 때 형성된다. 사각파가 얼마나 치명적이면 2004년도 한 연구에서는 교착 해면(cross sea) 상태에서 선박 사고가 더 높은 확률로 일어남을 보여주었다.

물에 뛰어들 때에는 항상 코를 막아라

만약 여러분이 어느 때고 강이나 호수로 뛰어들 참이라면, 언제나 코를 막는 것이 가장 좋다. 이렇게 하면 입수 시 충격으로 비강까지 기어오르는, 물속에 도사리고 있는 그 어떤 아메바도 막아주는 효과가 있다.

갈색 코코넛보다는 녹색 코코넛을 선택하라

만약 여러분이 어느 때고 비상 상황에 부닥치면, 안전을 위해 녹색 코코넛에서만 얻은 코코넛물을 마시는 것이 가장 좋다. 녹색 코코넛은 가장 어린 열매이므로 가장 순수하고 안전한 물을 가지고 있다. 갈색 코코넛은 충분히 숙성된 상태여서 탈수를 유발하는 오일을 함유한다.

만약 집에서 생선 비린내를 맡는다면 경계하라

만약 집에서 명백한 이유 없이 생선 냄새가 난다면, 십중팔구 집 어느 곳에서 전기화재가 있다는 의미다. 전기 부품들이 과열되기 시작하면 생선 비린내를 풍긴다.

움직이는 차량에서 빠져나올 때는 뛰지 말고 걸어라

만약 여러분이 어느 때고 움직이는 차량에서 탈출해야 하는 상황에 부닥친다면, 절대 곧장 뛰어내리면 안 된다. 현실의 삶은 영화 같지 않다. 그 대신 한쪽 발을 내려놓은 다음 걸음을 내디뎌야 한다. 이 방법은 실제로 탈출할 때 속력을 현저하게 줄여주고 생존 확률을 극적으로 높여줄 것이다.

납치를 당했을 때 해야 할 일

자동차 관련 긴급 상황에 대한 화제로서, 만약 여러분이 어느 때고 차 뒤쪽에 묶여 있다면 침착함을 유지하려고 노력하라. 트렁크에는 여러분이 운전을 방해할 수 있는 방법들이 매우 많다. 정지등 전선 끊기를 시도해볼 수도 있다. 그래서 만약 운전자가 경찰관 옆을 지난다면 차를 한쪽에 세우게 될 것이다. 이때가 기회다. 발로 트렁크 덮개를 차서 여러분이 거기 있음을 경찰관에게 알려라.

여러분이 방향을 틀어야 할 때와 틀지 말아야 할 때

어떤 동물이 차도로 들어서면 방향을 틀어서 그 가여운 동물을 들이받지 않기 위해 힘쓰는 것이 인간의 본능이다. 다만, 그 과정에 약간의 조정이 가해지긴 해야 한다. 예를 들어 만약 사슴 한 마리가 도로를 가로질러 뛰어간다면, 차로 이 사슴을 들이받는 게 더 낫다. 여러분의 생존 확률은 사슴을 들이받을 때가 도랑으로 방향을 틀 때보다 확연히 더 높기 때문이다. 다만, 무스(현존하는 최대 사슴-역주)가 차도 한복판으로 뛰어들면, 방향을 틀거나 도랑으로 처박히는 편이 더 낫다. 무스와 부딪히는 것은 장벽과 충돌하는 것과 같기 때문이다.

눈을 먹는 행위로 생명이 위태로워질 수도 있다

그 어떤 위급한 상황에도, 아무리 목이 말라도, 여러분이 절대 해서는 안 되는 한 가지는 다량의 눈을 먹는 행위다. 차가운 얼음이 위에 너무 많이 차게 되면 저체온증이 유발될 가능성이 높으며, 사람은 저체온증으로 죽을 수도 있다. 가장 좋은 선택은 우선 얼음을 녹인 후 마시는 것이다.

곧 벼락을 맞을 거라면 무릎을 꿇어라

야외에서 편안한 하루를 즐기고 있는데 갑자기 누군가가 여러분 머리카락이 정전기가 일어난 것처럼 꼿꼿이 서 있다고 알려준다면, 겁줄 의도는 없지만 여러분은 곧 벼락을 맞게 된다. 뇌우가 여러분 머리카락을 서게 만들 만큼 강력하면, 이는 여러

분이 엄청난 위험에 빠져 있다는 것을 의미한다. 당장 무릎을 떨어뜨리고 땅에 엎드리지 말고 몸을 앞으로 구부려라. 젖은 땅은 전기가 아주 잘 통하는 도체다.

전기 주변에서는 항상 토끼뜀을 뛰어라

만약 어느 때고 전력선이 여러분 옆에 떨어진다면 거기서 벗어나려고 걷거나 뛰지 마라. 감전 사고와 심지어 감전사를 피하려면, 여러분은 두 발을 모아서 토끼뜀을 뛰어 그 지역을 안전하게 벗어나야 한다. 이렇게 하면 전기가 여러분의

한쪽 발을 타고 올라가서 다른 쪽 발로 내려가는 상태가 유지되어, 결과적으로 여러분이 몇 천 볼트의 전기 쇼크를 받지 않도록 할 수 있을 것이다.

보드카로 생명을 구할 수도 있다

만약 여러분이 어느 때고 워셔액이나 부동액을 삼켜버린 상황에 휘말린다면, 여러분은 술기운이 느껴질 정도의 술 한 병을 움켜쥐고 마셔야 한다. 그렇다, 보드카를 대량 섭취하면 실제로 워셔액이나 부동액이 신장을 망가뜨리지 못하도록 막아주어 여러분이 병원까지 도달하는 데 걸리는 시간을 벌어준다.

난데없이 집안에서 나는 가스 냄새

만약 여러분이 어느 때고 가스 냄새를 알아차린다면 어떤 전등도 켜지 마라. 전등 스위치에서 발생한 스파크 하나로 집 전체가 날아가버리는 수가 있다.

엘리베이터는 여러분에게 가장 빠른 출구를 알려줄 수도 있다

만약 여러분이 어느 때고 다층 건물에서 비상 상황에 부닥지게 된다면, 엘리베이터 속 패널을 보아라. 만약 옆에 별이 달린 층수 버튼이 보인다면 그 버튼은 비상 출구가 있는 층을 가리키는 것이다. 그런 다음 계단을 이용해서 그 층까지 나아가라.

언제나 음료를 잘 살펴보아라

만약 여러분이 어느 때고 외출하거나 파티에 참석한 상태에서 먹게 된 음료에서 짭짤한 맛이 나는 것 같으면, 계속 마시지 말고 누군가에게 다가가서 말하라. 친구 혹은 여러분이 다니는 시설에서 일하는 사람도 괜찮다. 로히프놀은 약간 짭짤한 맛을 낸다고 보고되어 있다. 로히프놀은 섭취된 때부터 실신과 기억 상실을 유발하는 약물이다.

침 뱉기는 산사태에서 살아남는 데 도움이 될 수 있다

만약 여러분이 어느 때고 산사태에 파묻힌다면, 어느 쪽이 위인지 알아차리기 매우 힘들며 방향 감각을 잃어 아주 혼란스러울 것이다. 여러분이 취할 수 있는 최선의 방법은 손과 침을 이용하여 얼굴 주위로 에어포켓을 만드는 것이다. 타액은 중력을 따를 테니, 그럼 여러분은 타액이 흐르는 반대쪽으로만 흙을 파내야 한다.

만약 미행당하고 있다면 상황을 신속하게 해결할 수도 있다

만약 여러분이 어느 때고 다른 운전자에게 미행당한다고 느껴지는 상황에 처해 있고 그 생각을 확인하고 싶다면, 우회전을 네 번 해보아라. 이렇게 하면 여러분은 한 바퀴를 완전히 돈 셈이 된다. 만약 같은 운전자가 아직도 여러분 뒤에 있다면 이는 여러분이 정말 미행당하고 있을 가능성이 높다는 뜻이다. 미행 사실을 알고 있다는 것을 미행자에게 알리지 말고 그 대신 경찰서로 차를 몰아라. 차를 몰고 집에 가고 싶어도 참아야 한다.

유혹에 약해지지 마라

만약 여러분이 어느 때고 밖에서 돌아다니다가 하늘에서 떨어지는 돈을 본다면(돈인 만큼 솔깃할 듯도 하지만), 달려들지 말고 당장 달아나라. 테러리스트들은 의심을 사지 않고 상당수 사람들을 한 지점에 모으기 위한 전략으로 돈을 뿌리는 수도 있기 때문이다.

다양한 색상의 해변 안전 깃발에는 다양한 의미가 있다

만약 여러분에게 해변 안전 깃발과 그 의미에 대해 묻는다면 여러분은 모두 답할 수 있겠는가? 아마 못할 것이다. 왜냐하면 우리는 항상 '위험' 혹은 '파도가 심한 상태'를 뜻하는 큰 빨간 깃발에 대해서만 들었기 때문이다. 실제 상황에서는 여러 다양한 색상의 여러 다양한 안전 깃발이 존재한다. 여러분이 자신을 안전하게 지킬 수 있도록 그 깃발들 의미를 여기에 소개한다. 이 중 빨간 깃발이 있으면 사람들이 물 밖에 있어야 함을 의미한다. 노란색 깃발은 보통 수준의 위험, 즉 잠재적 위협으로 대두될 수 있는 가벼운 파도나 해류가 있음을 의미한다. 초록색 깃발은 낮은 위험을 표현한다. 비교적 평온한 상태라는 뜻이다. 마지막으로 보라색 깃발이 있는데, 이 깃발은 해파리, 매가오리 또는 위험한 어류와 같은 유해 해양생물이 바다에 있음을 알려준다. 이 깃발들은 국제구명연맹의 지원을 받아 세계적으로 통용되는 표식이다.

여러분은 배영으로 퀵샌드에서 살아올 수도 있다

그 악몽 같은 상황들 중 하나가 퀵샌드에 빠져 옴짝달싹 못하는 것이다. 하지만 이런 일이 여러분에게 일어난다면, 여러분이 취해야 할 행동은 다음과 같다. 즉시 몸에 지닌 모든 소지품을 제거하여 몸을 가볍게 만든다. 만약 허리까지 잠겨

있다면, 누워서 떠 있는 자세를 취하도록 한다. 이 자세는 여러분이 발을 다시 수면 쪽으로 가져다놓는 데 도움이 되기 때문이다. 배영과 같은 수단을 이용하여 점차 단단한 땅 쪽으로 움직여라. 기억하라, 몇 센티미터마다 한 번씩 다리를 들어올리고, 1분이 지날 때까지 기다린 후 다시 움직여라. 방금 여러분이 발 디뎠던 공간이 모래로 채워졌는지 확실히 하기 위해서다. 이 기술은 어느 정도의 시간이 필요하다. 반드시 전 과정 동안 깊게 호흡하고 있어야 한다. 이렇게 하면 침착함이 유지되고 부력에 도움이 될 것이다.

화학물질들을 섞지 마라

여러분이 무얼 하든지, 표백제와 암모니아는 섞지 마라. 두 물질이 섞이면 이 화합물은 실제로 유독 가스를 만들어낼 수도 있다. 클로라민 증기로 알려진 이 독성 화합물은 아주 쉽게 유독한 하이드라진을 형성할 수도 있다.

반복된 소리를 이용하여 구조 요청을 하라

만약 여러분이 어느 때고, 가령 건물 붕괴 후에 돌무더기 아래 묻혀서 빠져나올 수 없다면, 맨 처음 본능적으로 하는 행동은 소리치는 것일지도 모른다. 하지만 이런 행동은 에너지를 낭비시키고 여러분을 지치게 해서 목소리가 나오지 않게 만들 것이다. 두드릴 만한 것을 찾아서 세 번 간격으로 두드리기를 시도해보라. 인간은 반복된 소리 알아차리기의 귀재들이다. 그래서 현장에서 구조대원들은 소리가 나는 쪽을 향해 움직일 것이다. 일단 구조대원들이 가청거리 내에 있다는 판단이 서면, 여러분 위치를 그들에게 알리기 위해 소리 지르기 시작해도 좋다.

여러분 생명을 구해줄 동물에 대한 사실들

Animal facts to save your life

여러분 생명을 구해줄 일반적인 사실들에 대해 이야기해보았다. 그런데 여러분이 동물계 구성원들을 상대로 싸우고 있다면 어떨까? 만약 다양한 동물들이 여러분에게 다가오거나 여러분을 공격한다면 그때 여러분이 취해야 할 행동은 다음과 같다.

늑대

야생에서 여러분을 눈으로 제압하는 한 무리 늑대를 보면 여러분은 줄행랑치며 비명을 지르는 상황이 될 것이다. 하지만 그러지 말 것을 강력하게 권한다. 그 대신 늑대 무리에 맞서 그 자리에 버티고 서 있으라. 알겠는가? 늑대들은 여러분을 겁에 질리게 하여 반대 방향으로 도망가게 만드는 것이 가능한 경우에 여러분을 공격할 뿐이다.

곰

곰의 경우는 어떨까? 어떤 곰에게는 계속 공격해야 하고, 다른 곰에게는 죽은 척을 해야 한다. 모든 색 곰들에 관한 안전 수칙은 다음과 같다. '검은색이면 맞서 싸워라. 갈색이면 항복하라. 흰색이면 끝난 거다.' 일반적으로 말해서 따르기 좋은 수칙은 다음과 같다. 만약 어떤 곰이 여러분에게 다가오기 시작한다면 현존하는 가장 빠른 인간인 우사인 볼트여도 곰을 이길 수는 없으니 절대 도망치려 하지 마라. 또한 눈을 피하라.

퓨마(쿠거)

심기가 불편한 상태에서 다소 불순한 의도로 한 등산객에게 다가가는 쿠거의 영상이 인터넷상에 빠르게 퍼졌는데, 그럴 만도 하다. 직접 맞닥뜨리기 가장 두려운 야생 동물 중 하나가 퓨마일지도 모르기 때문이다. 하지만 생존 확률을 어마어마하게 높여주는, 여러분이 취할 수 있는 몇 가지 방법들이 존재한다. 우선 항상 시선을 마주친 상태를 유지하라. 이 점이 곰의 경우와 결정적으로 다른 점이다. 여기서 '시선을 마주친 상태'라는 것은 단 1초도 그 동물에게서 눈을 떼지 않는다는 것을 의미한다. 시선을 마주친 상태를 유지하면서 천천히 뒷걸음질쳐라. 여기에 더해 시끄럽게 굴어라. 쿠거를 향해 고함치고 욕을 퍼부어라. 그 동물에게 여러분은 먹잇감이 아니라는 사실을 알리기 위해서는 무슨 짓이든 해야만 한다.

마운틴고릴라

화가 난 마운틴고릴라를 마주칠 일이 현실에서는 없을 듯하지만, 나라면 미비하게 대비하는 쪽보다는 과도하게 대비하는 쪽을 택하겠다. 이제까지 언급했던 수많은 동물과는 달리, 만약 여러분이 마운틴고릴라를 상대로 더 센 척하며 겁주려고 애쓰기 시작하면 이 동물은 여러분을 단숨에 꺾어 녹초로 만들어버릴 것이다. 여러분이 취할 수 있는 가장 좋은 방법은, 엎드려서 자진해서 절뚝거리며 기는 한이 있더라도 복종하는 자세에 돌입하는 것이다. 여러분이 그 녀석을 해칠 의도가 전혀 없다는 뜻으로 고릴라 같은 동작을 보여주기 위함이다. 하면 안 되는 세 가지 자세로는 도망가기, 똑바로 쳐다보기, 혹은 치아 드러내기가 있다.

사자

정글의 왕 사자에 대해 이야기해보자. 사자 원산지가 아프리카라고는 하지만, 전 세계 다른 여러 지역에서 동물원 사자의 공격에 대한 보고들은 수년 넘게 있어왔다. 지금은 이런 소리가 말도 안 되게 들리겠지만, 만약 사자가 여러분을 공격한다면 모든 힘을 끌어모아 사자와 싸워야 한다. 가능한 한 센 척하고 크게 보이게 하라. 여러분이 배불리 먹을 수 있는 뷔페 식사로 전락할 만큼 만만한 상대가 아님을 녀석이 확실히 알게 하라. 여러분은 사자가 여러분을 결코 약하지 않은 강한 상대로 봐주기를 원하는데, 사자도 두려움을 감지할 수 있기 때문에 여러분이 뛰면 사자는 으레 여러분을 쉬운 먹잇감으로 간주한다. 사자 주위에서 절대 해서는 안 되는 한 가지 행동은 죽은 척하거나 몸을 웅크려 태아 자세를 취하는 것이다.

악어

만약 악어가 여러분을 잡아챘다면 악어 콧속으로 손가락을 쑤셔 넣어라. 이렇게 하면 기도를 막고 있는 판(airway seal)이 찢어져 물이 기도 안으로 쏟아져 들어오게 만든다. 우리가 악어를 화제로 다루는 동안, 만약 악어 한 마리가 너무 짜증이 나서 육지에 있는 여러분을 찾으러 온다면, 일반적인 믿음과는 정반대로 갈지자로 뛰면 절대 안 된다. 많은 사람이 믿고 있는 것처럼 악어는 멍청하지 않다. 그리고 여러분을 따라잡고 말 것이다. 악어가 최대 시속 56킬로미터로 뛸 수 있다는 사실을 명심하고 그냥 일직선으로 뛰어라. 그리고 최대한 빨리 뛰어라.

상어

육지에서 바다로 나가면 우리는 지구상 가장 두려운 생명체들 중 하나인 상어를 만난다. 이제 여러분 자신을 보호하려면 맨손이나 맨발을 사용하지 말고, 찾을 수 있는 무기 아무거나 사용할 것을 권한다. 단, 여러분의 수영복 주머니는 틀림없이 그리 깊지 않을 것이다. 그러니 여러분 수중에는 아무것도 없다고 치자. 주먹 날리기, 손가락 찌르기, 그리고 발차기를 상어의 눈과 아가미를 포함해서 상어의 예민한 부위에 조준하라. 만약 상어가 실제로 어렵사리 여러분을 제 입속에 집어넣는다면 같은 공격술이 적용된다. 상어 몸에는 예민한 부위들이 노출되어 있으므로 최대한 침착하게 대대적으로 공격하라.

문어

만약 여러분이 어느 때고 바닷속에서 문어에게 붙잡히게 된다면 문어 다리를 쳐내려고 애쓰지 마라. 솔직해지자. 문어는 촉수가(과학적으로 말하면 팔이) 여덟 개 있으니 그 싸움에서는 여러분이 질 것이다. 이 상황에서의 생존 비결은 문어의 거처 지점(anchor point)에서 문어를 떼어내는 것이다. 거처 지점은 바위나 파이프일 가능성이 클 것이다. 만약 여러분이 문어를 해치운다면, 문어는 여러분을 아래로 끌어당길 능력이 없으므로 어쩔 수 없이 여러분을 놔줄 것이다.

꿀벌과 말벌

만약 여러분이 어느 때고 뜻하지 않게 어이없는 행동으로 꿀벌집이나 말벌 둥지를 건드린다면, 나는 이렇게 조언할 것이다. 물에 뛰어들지 마라. 어떤 이유에서인지는 몰라도 우리는 물에 뛰어들 생각부터 하는데, 곤충들은 여러분이 다시 떠오르기를 기다렸다가 계속해서 여러분을 쏠 뿐이다. 가장 좋은 방법은 가능한 한 빨리 그리고 멀리 달아나는 것이다. 그리고 그 일을 멈추지 마라. 이렇게 하면 결국 꿀벌 혹은 말벌이 여러분 뒤쫓기를 멈출 것이다.

여러분의 시간관념을 바꿔줄 사실들

Facts that will change your perception of time

이 섹션은 그야말로 모든 것에 대한 여러분의 사고방식을 바꿔줄 완전히 기상천외한 사실들로 가득하다.

상어는 토성 고리보다 나이가 더 많다

거대한 천체 토성을 둘러싸고 있는 독특한 고리들은 대략 1,000만~1억 년 전에 형성되었을 뿐이다. 오늘날 우리가 알고 있는 세계에서는 그렇게 오랫동안 존재했을 법한 것들이 정말 거의 없다. 4억 5,000만 년 동안 존재해온 상어에 비하면 토성의 고리들은 상대적으로 어린 편이다.

상어는 나무보다 나이가 더 많다

현재와 같은 나무가 최초로 등장한 시기는 데본기였는데, 상어가 등장하고 6,500만 년이 지난 후였다.

하이 파이브는 겨우 1970년대부터 있던 것이다

하이 파이브는 우정과 감탄의 몸짓이다. 여러분은 이 몸짓이 항상 있어왔으리라 생각할지도 모르겠지만, 진정한 하이 파이브가 최초로 발생했다고 보는 때는 겨우 1977년 10월 2일이었다. 야구에서 역사적인 게임이 벌어지던 중, LA 다저스에 속한 더스티 베이커는 정규시즌에서 그의 서른 번째 홈런을 쳤다. 그는 베이스를 차례대로 돌았고 글렌 버크라는 이름의 신인선수는 마지막 홈플레이트에서 그와 만나 팔을 허공에 들어 베이커의 손을 찰싹 쳤다. 그렇게 해서 하이 파이브가 탄생되었다.

일론 머스크의 재산은 터무니없이 많다

일론 머스크는 세계에서 가장 부유한 사람들 중 하나로 유명하다. 하지만 그가 얼마나 많은 현금을 보유하고 있는지 헤아리기는 어렵다. 이렇게 생각해보자. 만약 여러분이 4,500년 전 이집트의 피라미드가 건축된 이래로 매일 1만 달러(약 1,300만 원)씩 받아왔다 해도, 여러분은 일론 머스크가 가진 돈의 대략 6퍼센트밖에 갖지 못할 것이다. 하루에 1만 달러씩 그 정도로 모으면 대략 164억 달러가 되는데, 일론 머스크는 현재 2,743억 달러를 깔고 앉아 있다.

십억은 백만보다 상상을 초월할 정도로 더 크다

백만과 십억은 둘 다 큰 수처럼 들리지만, 이 두 수가 정확히 얼마나 멀리 떨어져 있는지 잊어버리기 십상이다. 이렇게 해보자. 백만 초 전은 일주일보다 약간 더 전이었던 반면, 십억 초 전은 1990년도였다.

십억까지 세보기는 시도하지 않는 것이 좋겠다

이 두 수의 크기를 그림으로 표현하는 또 다른 방법은 다음과 같다. 대략 1초에 숫자 한 개 속도로 백만까지 센다면 11일이 걸릴 것이다. 하지만 같은 속도로 십억까지 센다면 32년 걸릴 것이다. 미스터 비스트까지도 이 도전을 시도할지는 잘 모르겠다. 그래도 만약 여러분이 1조까지 센다면? 3만 1,709년이 걸릴 것이다.

공룡이 공룡 화석을 발견했을 수도 있다

인간에 비하면 공룡은 너무나도 오랜 시간 동안 지구상에 살았기 때문에 우리는 공룡에 비하면 연대표상 작은 점 하나에 불과하다. 이 수치를 이해하기 쉽게 설명하자면, 공룡 화석은 공룡이 여전히 살아 있는 와중에 존재했던 셈이다.

풀은 공룡보다 더 어리다

그렇다. 풀 말이다. 6,500만 년 전에 소행성이 공룡의 멸종을

초래하기 바로 전인 6,600만 년 전에 겨우 풀이 지구상에 번성하기 시작했다. 즉 공룡은 2억 5,200만 년을 존재하는 동안 백만 년 동안만 풀 뜯어 먹는 즐거움을 누릴 수 있었다는 뜻이다.

조지 워싱턴은 공룡이 존재했다는 사실을 몰랐다

조지 워싱턴은 1799년에 죽었건만, 인류는 1841년이 되어서야 공룡의 존재를 증명했다. 즉 이 미국 대통령은 공룡이 존재했다는 사실을 모른 채 살았다는 뜻이다.

지구 행성의 인구수는 급격하게 증가하고 있다

만약 여러분이 마흔다섯 살보다 나이가 많다면, 그럼 세계의 인구는 여러분의 일생 동안 두 배가 되어버린 셈이다. 참고로, 1978년에 지구상의 인구수는 대략 40억 명이었다. 45년 뒤인 2023년 이 글을 쓰고 있는 현재 인구는 80억 3,519만 9,255명이다.

인간은 엄청나게 어린 생물종이다

인간은 지구 역사 중 0.004퍼센트 동안 존재해왔을 뿐이다.

여러분은 본인이 몇 살인지 정확히 모른다

질문 좀 하겠다. 바로 지금, 이 책을 읽고 있는 순간 여러분은 몇 살인가? 여러분 대답이 틀렸다고 말한다면 어찌하겠는가? 사실 어느 정도는 틀린 부분이 있다. 여러분 몸속 모든 원자는 수십 억 년 된 것들이다. 우주에서 가장 흔한 원소이자 우리 몸의 가장 주된 요소인 수소는 137억 년 전에 우주에서 만들어졌다.

바로 지금 지구상에는 수많은 우리가 존재한다

인류 역사를 통틀어 이제까지 존재했던 모든 인간의 6퍼센트가 바로 지금 존재하고 있다.

감사의 말

내 평생 몇몇 분들에게 감사를 표하고 싶습니다. 그분들이 없었다면 오늘 이 자리에 나란 존재는 없었을 것입니다. 우선, 굉장하신 우리 부모님. 엄마, 아빠, 항상 나를 독려해주시고 내 꿈을 지지해주는 든든한 지원군이 되어주셔서 감사합니다. 최근 거의 십 년 동안 끊임없이 영상 찍어대는 것을 참아줄 법한 부모님은 많지 않습니다. 하지만 두 분은 그렇게 해주셨지요. 부모님께서는 대학을 다니는 저를 도와주셨고, 내 생애 첫 번째 카메라를 사주셨습니다. 제가 이룬 엄청난 성공을 두 분께 바칩니다.

멋진 내 반려자 클로이에게. 매일같이 내 옆에서 오늘이 최상의 버전이 되라며 다그치고, 동기를 부여해주고 또 용기를 주는 사람! 사랑합니다, 그리고 이제껏 내게 해준 모든 것에 감사합니다.

알파 탤런트 매니지먼트 회사분들께. 여러분들은 지난 2년 동안 함께 일하면서 내 경력에 정말 큰 기여를 해주었습니다. 제이크와 다니아, 감사합니다. 이 모든 것을 가능하게 해 주셨어요.

내가 이 책을 내는 것을 허락해준 에버리(Ebury) 출판사 모든 분에게 감사하고 싶습니다. 여러분의 조언, 지도, 그리고 믿음 없이 이 작업은 불가능했을 겁니다.

알아두면 쓸데있는 新 잡학상식 2

초판 1쇄 발행   2024년 7월 10일

지 은 이	매튜 카터
옮 긴 이	오지현
펴 낸 이	한승수
펴 낸 곳	온스토리
기 획	구본영
편 집	이상실
디 자 인	박소윤
마 케 팅	박건원, 김홍주
등록번호	제2013-000037호
등록일자	2013년 2월 5일
주 소	서울특별시 마포구 동교로 27길 53, 지남빌딩 309호
전 화	02 338 0084
팩 스	02 338 0087
메 일	hvline@naver.com
I S B N	978-89-98934-57-6 03030